EL MODELO DE LAS

4

PUERTAS

SANIDAD INTERIOR a través de

EL MODELO DE LAS

4

PUERTAS

DR. BERNARDO STAMATEAS

BUENOS AIRES - MIAMI - SAN JOSÉ - SANTIAGO

www.editorialpeniel.com

Sanidad interior a través de el modelo de las cuatro puertas
Bernardo Stamateas

Publicado por:
Editorial Peniel
Boedo 25
Buenos Aires C1206AAA - Argentina
Tel. (54-11) 4981-6178 / 6034
e-mail: info@peniel.com

www.editorialpeniel.com

Diseño de cubierta e interior: arte@peniel.com

Copyright © 2001 Editorial Peniel

Impreso en Colombia
Printed in Colombia

Stamateas, Bernardo
Sanidad interior a través de el modelo de las cuatro puertas
1a ed. – Buenos Aires : Peniel, 2006
ISBN 987-557-117-2
1. Superación Personal. I. Título CDD 158.1
160 p. ; 17x11 cm.

ÍNDICE

INTRODUCCIÓN

Con mucha gratitud al Señor presentamos este manual con El Modelo de las Cuatro Puertas, que en los últimos cinco años, por la infinita gracia del Señor, hemos utilizado en nuestra congregación y en numerosos viajes con el Ministerio de Sanidad Interior en todo el país y el continente.

En un tiempo especial de renovación espiritual el Señor transformó nuestras vidas, tocó nuestros corazones y puso en nosotros su sentir por aquellos que viven en tinieblas, esclavizados por Satanás, oprimidos y angustiados por heridas y recuerdos que les impiden experimentar la vida plena que Cristo puede dar. Su palabra habló fuertemente a nuestro espíritu: *"Te levantarás y tendrás misericordia de Sion, porque es tiempo de tener misericordia (...) Jehová miró desde los cielos a la tierra para oír el gemido de los presos, para soltar a los sentenciados a muerte"* (Salmo102:13,19-20). En más de diez mil hermanos ministrados hemos visto la mano poderosa del Señor sanando, liberando y restaurando vidas; nos llena de gozo contemplar la obra poderosa de Dios, saber que podemos tomar autoridad en su nombre y aun compartir lo que El Señor nos ha dado para la gloria y honra de su nombre.

El ministerio del Señor Jesucristo consistió, esencialmente, en acercar el reino de Dios a la Tierra, enseñar su señorío sobre nuestras vidas y restaurar la comunión con el Padre, a través del perdón de nuestros pecados, pero también, en sanar toda enfermedad y toda dolencia para darnos esa vida abundante llena de gozo y paz que nuestro corazón anhela. El mismo Jesús se presentó en el templo y dijo: *"El Espíritu del Señor está sobre mí, por cuanto me ha ungido para dar buenas nuevas a los pobres; me ha enviado a sanar a los quebrantados de corazón; a pregonar libertad a los cautivos, y vista a los ciegos; a poner en libertad a los oprimidos; a predicar el año agradable del Señor"* (Lucas 4:18-19). Vemos, además, a lo largo de los evangelios cómo el Señor delegó esta autoridad y unción sobre todos aquellos que Él llamó para que ministren en su nombre. De esto se trata este libro: de vivir el reino de Dios que es justicia, gozo y paz en el Espíritu Santo, y de la forma de compartirlo con otros.

Anhelamos fervientemente que a través de estas páginas puedas escuchar la voz del Espíritu Santo que habla a tu corazón para sanar todo dolor y para desafiarte a una vida de total dependencia de Él; y que, por su gracia, puedas vivir en victoria al tomar las armas espirituales que Dios nos ha dado. La vida cristiana es una verdadera aventura cuando nos disponemos a recibir todo lo que el Señor tiene para sus hijos, cuando sin temor dejamos de lado las estructuras y los prejuicios que nos condicionan y le damos libertad al Espíritu Santo para que, como barro que somos, modele nuestras vidas, renueve nuestro entendimiento y nos guíe a toda verdad. Clamamos porque esto sea una realidad diaria en nuestras vidas.

Uno de los secretos que el Señor nos ha revelado en este tiempo es que nada de lo que recibimos debemos guardarlo, porque simplemente no nos pertenece; Él quiere hacernos canales de su bendición y transformarnos en instrumentos útiles en sus manos. El principio espiritual dice que debemos dar para seguir recibiendo cosas nuevas del Señor. Que este libro esté hoy en tu mano es una prueba de ello, y nuestro deseo de compartirlo contigo es solo una forma de decirle: Gracias, Señor, por tu gran amor y tu obra maravillosa sobre nuestras vidas y sobre la de todos aquellos que sanaste y liberaste con tu gran poder.

1

¿Qué es el modelo de las cuatro puertas para ministrar sanidad interior?

› ¿Qué simboliza la vasija de barro?
› ¿Qué obra hace el Espíritu Santo en la Sanidad Interior?
› ¿Quiénes pueden recibir Sanidad Interior?
› ¿Con qué propósito o finalidad?
› ¿Qué representa o simboliza una puerta?
› ¿Qué implica la idea de cerrarle la puerta al diablo?

....

La sanidad interior llegó a mi ministerio como una necesidad. Con frecuencia atendía en el consultorio personas con graves problemas emocionales que no encajaban en la lista de trastornos de la personalidad, la conducta o las emociones que me habían enseñado en la universidad. Como psicólogo había derivado a muchos de mis pacientes con psiquiatras o les había sugerido que consideren un instituto para su internación. Como pastor, nunca había olvidado el aspecto espiritual que presentan todas las afecciones humanas, pero en ese momento no entendía por qué si la persona que llegaba a verme ya había tenido un encuentro con Jesucristo, y

Él lo había hecho una nueva criatura, los conflictos que atormentaban su vida no lograban resolverse luego de varias sesiones de aconsejamiento pastoral.

Lo cierto es que cuando los conocimientos científicos resultaban inútiles, los años de pastor y la experiencia con el Espíritu Santo parecían escasos.

La respuesta llegó a mi vida a través de una visión. Luego de quince años en el pastorado, el Señor había comenzado a hablarme de una forma distinta, como no lo había hecho antes. Cuando una tarde oraba intensamente, el Espíritu Santo me mostró una vasija de barro llena de rajaduras sobre la cual se derramaba agua que, al mismo tiempo que caía dentro de la vasija, se filtraba y perdía por entre sus rajaduras. Cuando pregunté al Señor el significado de esa imagen, el Espíritu habló claro a mi mente: me dijo que así se encontraba mi vida, como esa vasija. Dios, en su infinito amor, derramaba de su bendición, su poder y su gloria sobre mí, pero las rajaduras que había en mi vida hacían que todo ello se perdiera de inmediato.

Entonces pregunté al Señor qué significaban esas rajaduras, y Él me dijo: "Son tus pecados, tus heridas, tu herencia y el ocultismo...".

Fue como si mi mente se habría iluminado de repente. Puede ver con claridad el significado de Jeremías 18:6, cuando dice: *"He aquí que como el barro en mano del alfarero, así sois vosotros en mi mano..."*, y supe que mi vida y mi ministerio cambiarían para siempre.

Cuando volví a mirar esa vasija de barro resquebrajada, vi una mano que la cubría y sanaba, el agua volvía a entrar y esta vez la vasija se llenaba y aún desbordaba. El Espíritu Santo había sellado cada una de esas rajaduras y ahora esa agua no se perdía, sino que permanecía dentro de la vasija que había sido restaurada. ¡Gloria a Dios por ello!

Podríamos decir que el término "Sanidad interior" está de moda o es usado hasta el cansancio por muchos pastores; sin embargo, es la frase que mejor refleja la obra que Dios desea realizar a través de su Espíritu Santo.

Cuando decidimos seguir a Cristo, su obra redentora en la cruz del Calvario cambia nuestro presente, nos convertimos en sus hijos y comenzamos una nueva vida en Él. La vida eterna nos da una nueva perspectiva de nuestro ser y nos asegura un futuro glorioso en los cielos. Pero... ¿qué sucede con nuestro pasado? ¿Dónde quedan los hechos del pasado que una vez cometimos o que en silencio sufrimos? ¿Cómo se curan los rencores, las traiciones y los pleitos?

Estas y otras preguntas nos llevaron a reflexionar acerca del verdadero estado de los creyentes de hoy: pecados inconfesables, prácticas ocultistas realizadas antes de conocer a Jesucristo, profundas heridas aún abiertas en sus corazones, prácticas o costumbres heredadas que condicionan su vida espiritual, fueron algunas de las conclusiones a las que el Espíritu Santo nos guió y mostró a través de la experiencia.

De este modo, y como una herramienta más para el pueblo de Dios, nació "El Modelo de las Cuatro Puertas" que apunta a cuatro áreas clave en las que puede resumirse la historia de una persona; a través de preguntas específicas sobre temas concretos se halla la relación espiritual en las situaciones vividas, y la influencia negativa que estas provocan al alejar al creyente de Dios.

Cuando comenzamos a ministrar, éramos ocho o nueve personas que, con el discernimiento que daba el

Espíritu, hacíamos preguntas a la persona ministrada. Luego nos dimos cuenta de que los temas se repetían, y comenzamos a hacer las preguntas directamente. Por otro lado, algunas personas se inhibían delante de tantos ministros. Entonces establecimos que solo ministraría un líder acompañado de un intercesor, o en algunas oportunidades dos, según la complejidad del caso.

Para algunos, ministrar sanidad interior es orar por la gente durante o después que termina el culto. Otros, entienden que la sanidad interior está relacionada con la expulsión de demonios. El modelo de las cuatro puertas para ministrar sanidad interior que utilizamos en el Ministerio Presencia de Dios y en el Instituto de Aconsejamiento Pastoral, tiene como objetivo principal que el ministrado experimente el señorío de Cristo en su vida.

Cuando hablamos de sanidad interior, nos referimos a la obra del Espíritu Santo sobre los hijos de Dios que deciden someter a Él cada área de su vida para ser sanada, limpiada y liberada de toda atadura espiritual, física o emocional; con la finalidad de vivir y experimentar la vida abundante que Él quiere dar.

En este tiempo hay muchos modelos de sanidad interior y muchos libros de liberación, todos usados por Dios y con frutos preciosos; el modelo de las cuatro puertas para ministrar sanidad interior ha sido usado con éxito por más de cinco años en nuestro ministerio, lo que nos ha permitido ver cómo el poder del Espíritu Santo transforma las vidas de los creyentes y los acerca a la gloria del Padre.

Hemos tomado la figura de la puerta para ejemplificar las áreas de la vida de un creyente que necesitan sanidad interior por los siguientes motivos:

- La puerta implica un límite por el cual nos relacionamos con el exterior.
- La puerta es una entrada, pero también una salida.
- La puerta tiene dos posiciones: abierta o cerrada.

Estas áreas son cuatro, y se llaman de la siguiente manera:

› **La puerta del ocultismo:** consiste en indagar acerca del pasado espiritual de la persona y su participación activa o pasiva en prácticas tales como: espiritismo, parapsicología, magia, umbanda, curanderismo, brujería, etc.

› **La puerta de la herencia:** trata con los espíritus familiares que sin saberlo heredamos y condicionan nuestra vida espiritual, los mandatos que desde niños inconscientemente cumplimos, los pactos o promesas que nuestros padres o abuelos hicieron y ataron nuestras vidas.

› **La puerta del pecado:** se refiere a aquellas prácticas que voluntaria o involuntariamente el creyente realiza y que son contrarias a la voluntad de Dios: adulterio, fornicación, envidia, odio, robo, etc.

› **La puerta de las heridas:** comprende los recuerdos traumáticos de la infancia, los hechos del pasado que aún no se han resuelto, las heridas que otros nos han infligido y que todavía nos duelen.

2

¿Sanidad interior o aconsejamiento pastoral?

> › ¿En qué se diferencian la Sanidad Interior del Aconsejamiento Pastoral?
> › ¿Son una opuesta a la otra?
> › ¿Qué efecto produce la unción en nuestras vidas?
> › ¿Qué características principales tiene el ministerio de Jesús?
> › ¿Qué significa "estar sentados en lugares celestiales"?

La sanidad interior y el aconsejamiento pastoral son dos maneras diferentes en las que el Espíritu Santo obra a través de un pastor, consejero o equipo de ministración. A continuación señalamos algunos aspectos a fin de evitar posibles confusiones:

Entendemos al aconsejamiento pastoral como:
"Un abordaje bíblico e inteligente –guiado por el Espíritu Santo– orientado a los conflictos psicoespirituales del ser humano, con la finalidad de cambiar toda estructura y rasgo enfermo de conducta."

Por otro lado, entendemos que sanidad interior:

"Es la obra del Espíritu Santo, sobre las cuatro "puertas", que sana, limpia y libera de toda atadura espiritual, con la finalidad de que el creyente viva y experimente el total señorío de Cristo".

Aconsejamiento Pastoral y Sanidad Interior

› Similitudes	› Diferencias	
Obra del Espíritu Santo	Aconsejamiento	Sanidad Interior
Sanidad		
Señorío de Cristo	Tiempo amplio	Tiempo concreto
Santificación	Encuadre abierto	Encuadre pautado
	Individual o grupal	Individual
	Necesidad dada por temas específicos	La persona
	Pastor/Consejero	Equipo

Con respecto a las similitudes: ambos procesos son guiados por el Espíritu Santo, en ambos se produce sanidad y santificación, y el objetivo primordial es que el señorío de Cristo se exprese de una manera más visible en la vida de aquel que es ministrado.

Creemos que la sanidad interior no tiene como objetivo buscar demonios, si bien es cierto que al ministrar puede surgir algún tipo de manifestación demoníaca. El objetivo principal es que el ministrado viva de una manera más plena el señorío de Cristo en su vida.

Con respecto a las diferencias: en el aconsejamiento el tiempo es amplio; de acuerdo con la problemática que exprese la persona, el consejero decidirá si la entrevistará una o más veces por semana, y la duración de los encuentros será la que él considere necesaria. En la ministración, el tiempo es concreto. Según la historia de cada persona, puede durar de 2 a 5 horas.

En el aconsejamiento el encuadre es abierto, la necesidad es expresada por la persona. En la ministración el encuadre es pautado, sigue "El Modelo de las Cuatro Puertas", en el cual se levanta toda la historia de la persona, y también se hacen preguntas específicas sobre temas concretos. En este aspecto, es importante que quien ministra no dude cuando realiza las preguntas, ya que muchas veces se espera la pregunta específica para librarse de grandes cargas interiores.

En el aconsejamiento pastoral el abordaje puede ser individual o grupal; esto es así, ya que podemos entrevistar desde un grupo familiar hasta una pareja, o a un solo individuo. En la ministración el abordaje, siempre es individual.

Por último, el aconsejamiento es llevado adelante por el pastor/consejero, mientras que la ministración la desarrolla el equipo respectivo.

Sin embargo, en algunas oportunidades, ocurre que una vez que la persona fue ministrada, persiste en su interior algún conflicto. Esto no invalida el proceso de la ministración, ya que en las otras áreas de su vida ha sido sanada. En estos casos, no vuelve a ministrarse sino que la persona debe ser abordada a través del aconsejamiento pastoral.

Los Fundamentos Bíblicos de la Sanidad Interior

1 • Las características de la iglesia del fin:

› **El pueblo de Dios debe convertirse al Señor de señores:**

El profeta Joel dice:
"Por eso pues, ahora, dice Jehová, convertíos a mí con todo vuestro corazón, con ayuno y lloro y lamento" (2:12).

¿Qué significa convertirse? ¿Acaso no es lo mismo que nacer de nuevo? Convertirse es abrir nuestra vida a la obra del Espíritu Santo, dejar de ponerle límites a Dios, dejar de decirle cómo debe moverse, y cómo debe actuar. Convertirse es poner los dos oídos, los ojos y la boca a disposición de la voz y la guía del Espíritu Santo.

Un converso es alguien que ha dejado de ponerle límites a Dios y vive con la unción del Espíritu Santo.

› **El cristiano convertido vive con la unción:**

Entendemos por unción, la percepción de la presencia maravillosa de Dios, la captación en mente, cuerpo y espíritu de la presencia de Dios. La presencia de Dios está en todo creyente, pero no la unción. Para que haya unción hace falta señorío de Cristo, es necesario caminar en el Espíritu, es imprescindible el gobierno absoluto e incondicional de Cristo en nuestras vidas.

Hay creyentes que adoran a Dios y hay creyentes que adoran con unción; hay ministros de sanidad interior y hay ministros que operan con la unción de Dios. La unción hace la diferencia.

Hay un único principio espiritual para vivir con la unción del Cristo resucitado, solamente uno: "hambre de Dios". Si este principio no se cumple, no se cumplen los demás. Este aspecto no es solo para el ministro de sanidad interior o el pastor, sino para todo creyente que desee vivir la vida cristiana en un plano espiritual.

› **La unción aumenta cuando se tiene hambre de Dios y anhelo de su presencia:**

Lee el Salmo 84:1-12. Allí sí que hay hambre de Dios; hambre, hambre, hambre... Hambre de su presencia, hambre de su compañía, hambre de su gobierno, hambre de recibir más de Él, hambre...

Dice el v.2:

"Anhela mi alma y aún ardientemente desea los atrios de Jehová; mi corazón y mi carne cantan al Dios vivo".

En estas palabras hay fuego, hay anhelo. Dios no da unción a quienes son indiferentes, a los pasivos, a los quedos, a los que esperan cómodamente que Dios haga algo.

El Salmo 16:2 dice:

"Oh, alma mía, dijiste a Jehová: Tú eres mi Señor; no hay para mí bien fuera de ti".

David ha comprendido por revelación del Espíritu Santo de Dios, que es solo en el corazón de Dios donde debe vivir, que es en su presencia donde encuentra todo el bien. Cuando uno comienza a vivir bajo la unción de Dios descubre que fuera de esa presencia, fuera del lugar santísimo, no hay otro bien. Uno desea, entonces, vivir las veinticuatro horas de cada día en aquel lugar, cerca de Dios, a sus pies, y esa presencia manifiesta de Dios se experimenta de tal manera que todo nuestro ser es sacudido. Tener hambre de Dios significa no ponerle límites de ningún tipo, y estar dispuestos a todo.

El Salmo 84 continúa así en el v. 4:

"Bienaventurados los que habitan en tu casa, perpetuamente te alabarán".

Hambre de Dios es deseo de vivir con Él. Observemos que el salmista habla de habitar, no de "visitar". Desgraciadamente, hemos entendido que la unción es la "visitación del Espíritu". El salmista nos da la clave: hambre de Dios es el deseo de estar donde Él está, de estar en el lugar santísimo, y de habitar en la presencia íntima de Dios.

¡Cuántos cristianos dicen: "No puedo leer la Biblia, me duermo o me cuesta orar aunque sea diez minutos por día"! Entonces se esfuerzan y se esfuerzan, leen buenos libros, buscan pastores ungidos para que oren, piden a Dios un cambio, pero nada sucede. Es porque falta unción. Cuando uno se encuentra con Dios y habita con Él entonces ya no hay más tibieza, ya no hay que "esforzarse", ya no hay más buenos libros que leer sobre cómo orar: ahora las ganas vienen solas, el hambre de Dios ha permitido un encuentro nuevo y refrescante.

Tu hambre de Dios marcará tu nivel de unción. Tu hambre de Dios determinará tu nivel espiritual. Si tu hambre es poca, tendrás poco de la presencia de Dios; si tu hambre es mucha, así será lo que tendrás de Dios en tu vida.

› **La luz potente de la mirada de Cristo evidencia nuestros pecados y miserias:**

Cuando se enciende la luz de Cristo, se ven las propias faltas. Decía un discípulo en los evangelios: *"Señor, apártate de mí..."*.

Cuando vivimos con la unción tomamos contacto con nuestro peor enemigo: nosotros mismos.

"Señor, no ya yo, ahora Cristo en mí..."

Ese es el primer deseo que viene al estar en la presencia de Dios, el deseo de morir a nuestra carne, a nuestra humanidad, a nuestro orgullo. Cuando estamos con Cristo, cuando entramos en el secreto de Jehová, vemos nuestro pecado y cómo es nuestro corazón.

Pídele al Señor un corazón sensible a su Espíritu. "Dios, Espíritu Santo, sé tú mi maestro". "Sé tú mi alfarero" (Jeremías 18:1-6). El alfarero nunca tira la tierra, trabaja con ella. Deja que Dios trabaje en ti, deja de ser insensible al Señor y sé barro en sus manos.

› **El poder de Dios viene sobre nosotros como nunca antes:**

Esta es la próxima promesa de la unción: Habrá poder. El Salmo 84:7 dice:

"Irán de poder en poder; y verán a Dios en Sion".

Caminar de poder en poder es tener poder en la oración, en la intercesión, en la ministración. Poder para vencer y para predicar. Este poder surge de ver a Dios cara a cara en su monte santo, en su lugar privado.

Dios te da para que des. Él puso en nosotros la necesidad de dar. Él va a preguntarnos si dimos. Vamos a dar cuenta de lo que dimos, y también si dimos lo mejor.

La unción es un estado espiritual que nadie puede robarte. Solo tú puedes abandonarla si dejas de estar con Dios. Alguien expresó lo siguiente: "Si Dios parece distante, adivina quién se movió".

2 • El Ministerio de Jesucristo:

Mateo 4:23-24:

"Y recorrió Jesús toda Galilea, enseñando en las sinagogas de ellos, y predicando el evangelio del reino, y sanando toda enfermedad y toda dolencia. Y se difundió su fama por toda Siria; y le trajeron todos los que tenían dolencias, los afligidos por diversas enfermedades y tormentos, los endemoniados, lunáticos y paralíticos; y los sanó".

Mateo 8:16:

"...y cuando llegó la noche, trajeron a él muchos endemoniados; y con la palabra echó fuera a los demonios, y sanó a todos los enfermos".

Marcos 16:17:

"Y estas señales seguirán a los que creen: En mi nombre echarán fuera demonios...".

Lucas 11:14:

"Estaba Jesús echando fuera un demonio, que era mudo; y aconteció que salido el demonio, el mudo habló; y la gente se maravilló".

Estos y otros versículos y pasajes de la Palabra muestran el gran alcance del ministerio de Jesús que no solo consistió en enseñar, predicar y hacer discípulos, sino también en sanar a los enfermos y echar fuera demonios. Durante su ministerio Jesús sanó enfermedades físicas y trajo liberación a quienes estaban atormentados con demonios. La sanidad era parte de la misión cristiana de liberación. Su gran comisión incluye la promesa:

Marcos 16:18:
"...sobre ellos pondrán sus manos y sanarán".

Juan 14:12:
"... el que cree en mí, las obras que yo hago, él las hará también; y aún mayores hará...".

3 • La autoridad que tenemos en Jesucristo:

Filipenses 2:5-11:
"Haya, pues, en vosotros este sentir que hubo también en Cristo Jesús, el cual, siendo en forma de Dios, no estimó el ser igual a Dios como cosa a que aferrarse, sino que se despojó a sí mismo, tomando forma de siervo, hecho semejante a los hombres; y estando en la condición de hombre, se humilló a sí mismo, haciéndose obediente hasta la muerte y muerte de cruz. Por lo cual Dios también le exaltó hasta lo sumo, y le dio un nombre que es sobre todo nombre, para que en el nombre de Jesús se doble toda rodilla de los que están en los cielos, y en la tierra; y toda lengua confiese que Jesucristo es el Señor, para gloria de Dios Padre".

En Mateo 28:18, leemos: *"Toda potestad me ha sido dada en el cielo y en la tierra".* Un día Jesús dijo: "toda autoridad me ha sido dada". La pregunta es: ¿quién le dio a Jesús esa autoridad? y ¿por qué?

A Jesús no lo mataron, Él puso su vida. Algunas personas creen que lo mataron los romanos, o el diablo o los pecados. No es así, Él no vino para que lo maten, sino para morir, dijo: *"Yo tengo el poder de poner mi vida y de volver a tomarla."* (Juan 10:18).

Un día Dios le dijo a Jesús: "Necesito que vayas a la cruz, a morir", y Jesús obedeció. Dijo: "Padre si esa es tu voluntad, así lo haré".

Dice la Palabra que cuando estaba en la cruz, los soldados le arrancaron la barba, le pusieron una corona de espinas, le escupieron intensamente y se burlaron de él. Mientras lo hacían, pensaban que estaban matando a Jesús, pero no era así, porque Él vino a poner su vida para sembrarla y cosechar toda autoridad y todo poder.

Jesús, clavado en la cruz miró al cielo y dijo: *"Señor, perdónalos, porque no saben lo que hacen".* Esa tiene que ser tu actitud, hermano, cuando te hieren, cuando te escupen, cuando te lastiman, cuando las cosas no salen como esperas. Debes tener la actitud de Jesucristo.

En un momento, Jesús le dijo: *"Dios mío, Dios mío, ¿por qué me has desamparado?"* (Mateo 27:46). Jesús cargó con todos los pecados de la humanidad y Dios le dio vuelta la cara. Él mismo se hizo pecado y el Padre lo abandonó. Luego alzó sus ojos al cielo y dijo: *"Consumado es"* (Juan 19:30). Entonces la muerte lo tomó por tres días, lo arrestó y se lo llevó a los infiernos donde estaba el diablo con todos sus demonios.

Permítame esta libre expresión: el diablo pensó que lo había matado, pero no sabía que Jesús había puesto su vida por amor. Entonces el diablo llamó a todos sus demonios y dijo: "Necesitamos un pecado para retenerlo", y llamó al demonio de robo para que le diera su informe, pero no tenía con qué acusarle; y luego llamó al espíritu de adulterio, pero había fracasado; entonces llamó al demonio de odio, pero admitió que ni siquiera en la cruz pudo convencerlo de maldecir.

Tres días estuvo retenido por la muerte, más Jesús le dijo al diablo: "Yo soy el Cordero de Dios, que quita el pecado del mundo, porque vine sin pecado y morí sin pecado"; y la muerte tuvo que soltarlo. Entonces Jesús tomó la llave del Hades donde estaban prisioneros todos los muertos hasta ese momento y tomó la llave, abrió la puerta y comenzó a llamar a sus profetas: "Abraham, ven., Samuel, Isaías, vengan todos...". Les dijo que salieran porque tenía la llave del Hades y de la muerte, y había recibido la autoridad para abrir y para cerrar; y la muerte tuvo que soltar a toda esa gente pecadora porque ahora había alguien sin mancha, ni pecado que tenía la autoridad para abrir el Hades.

Después de eso, Jesús se le apareció a las mujeres, que habían llevado incienso para adorarlo en su tumba, y cuando María lo vio y quiso abrazarlo, Él no dejó que lo tocara, porque estaba santificado, con toda la gloria. Dice la Biblia que subió luego a los cielos donde estaba Dios, y se le presentó a Dios Padre, y le dijo: "Padre mío, fui a la cruz y morí, derramé mi sangre tal cual me lo pediste y lo hice por amor; y ningún pecado fue hallado en mí". Dios Padre le dijo: Hijo, porque has vencido, y fuiste sin pecado, y diste tu vida y lo hiciste por amor, yo hoy te doy un nombre sobre todo nombre y te exalto, te doy todo poder, y toda autoridad; ven siéntate a mi diestra". Como recompensa Dios padre le devolvió todo al Hijo maravilloso.

Pero Jesús estaba intranquilo. "¿Por qué, Hijo mío, qué te sucede?", preguntó Dios. "Estoy enamorado, fue como amor a primera vista, estaba en la Tierra y me enamoré, y ahora tengo una novia –la iglesia– y quiero darle todo…". "¿Quieres darle la autoridad que yo te di?" "Sí." "Dásela." "¿Y que más quieres darle?" "Quiero que se siente al lado nuestro…" "Bueno, que se siente."

Y Jesús empezó a llamar a la iglesia para que se sentara a su diestra porque Él estaba sentado a la diestra del padre. El apóstol Pablo un día vio esto y dijo que: *"… juntamente con él nos resucitó, y asimismo nos hizo sentar en los lugares celestiales con Cristo Jesús"* (Efesios 2:6).

Ese es tu lugar, a la diestra de Jesús y tienes toda autoridad y todo poder. Y el Señor ahora te acompaña.

Luego Jesús dijo a su Padre, "Cuando estaba en la Tierra, le dije a mi novia: 'Voy a preparar lugar para vosotros, para que donde yo esté ustedes también estén… y el que a mi viene nunca lo hecho fuera, nadie los arrebatará de mi mano…'".

De pronto se escuchó una oración, "Señor te pedimos…" y el diablo comenzó a acusar a los hijos de Dios. "No le des nada, yo lo conozco a ese". Dios lo hizo callar y le preguntó a Jesús qué hacer; este respondió: "Sí, dáselo, porque yo le dije que todo lo que pidieran en mi nombre yo se los daré". Dios no escucha más al diablo sino que le consulta a su Hijo, y Él asegura que lo recibimos en nuestras vidas, aceptamos su sangre y le servimos.

Hay personas que no entienden dónde están sentadas, y se sienten perdidas, porque todavía no conocen cuál es su lugar en los cielos.

Querido hermano, tú estás sentado con Jesús y has recibido toda autoridad sobre cualquier enfermedad, demonio o problema; porque Jesús mismo te dio ese poder.

Jesús no murió para que te quedes aquí, sino, para que te sientes con Él allá en los cielos. Pablo dijo que su ciudadanía no estaba en la Tierra, sino en los cielos con Dios. Pablo entendía su lugar a nivel espiritual.

Finalmente Jesús le dijo: "Padre, tengo que pedirte otra cosa... que todo lo que vos me diste a mí, yo se lo pueda dar a mi novia". Y Pablo entendió esta palabra cuando dijo que nosotros somos *"herederos de Dios y coherederos con Cristo"* (Romanos 8:17).

Entonces Dios Padre le dijo: "Dales todo, porque viviste sin pecado y moriste para formar una esposa que te ame, sea fiel y no sea indiferente a todo tu amor y al sacrificio que hiciste".

Jesús dijo: "He puesto todo debajo de sus pies". ¿Sabes por qué? Porque estás sentado en los lugares celestiales con Cristo, porque un día Él se despojó de sí mismo, se hizo hombre, se humilló tanto que fue a morir, aún fue tentado, rechazado, pero en la cruz dijo: Hecho está, consumado es. Luego ascendió a los cielos, para preparar lugar para su esposa, para que donde Él esté nosotros también estemos.

Dice Jesús en Juan 5:24:

"...El que oye mi palabra, y cree en el que me envió, tiene vida eterna; y no vendrá a condenación, mas ha pasado de muerte a vida".

¿Cómo y cuándo puede ministrarse con este modelo?

> › ¿Por qué decimos que no hay dos ministraciones iguales?
> › ¿Cuál debe ser el compromiso de la persona para mantener la sanidad en su vida?
> › ¿Qué advertencias debemos hacerle a la persona, antes de comenzar a orar?
> › ¿Cómo el ministerio de Sanidad Interior puede resultar en maladición?
> › ¿Por qué es importante considerar el lugar de la ministración?
> › ¿Qué dones debe procurar un ministro de Sanidad Interior?

....

Modelo de entrevista individual

Sería inapropiado pensar que el modelo de sanidad interior que se presentará en los siguientes capítulos es una especie de fórmula mágica aplicable a todas las ministraciones. No hay dos situaciones iguales, porque las historias de vida y las personas son diferentes. El ministro de sanidad interior y su equipo de intercesores deben depender del Espíritu Santo y pedir el don de discernimiento para recibir luz y sabiduría espiritual. Por otro lado, el factor decisivo en la efectividad de la sanidad será la disposición y sinceridad de la persona que desea ser ministrada.

Por lo tanto, es muy importante aclarar al hermano estos conceptos cuando comenzamos la entrevista, además de anticiparle que se le formularán preguntas profundas y específicas sobre su vida, con el único propósito de que encuentre sanidad divina para todas sus heridas.

Debemos decirle también, que nada de lo que suceda en ese encuentro será divulgado entre otras personas, pues tenemos la firme convicción que si este ministerio no se realiza con absoluta reserva no sólo deja de ser motivo de bendición, sino que se transforma en maldición.

Cuándo y dónde ministramos

Creemos conveniente que la ministración se lleve a cabo durante los días hábiles; es imposible aplicar "El Modelo de las Cuatro Puertas" durante el culto.

Recomendamos un lugar con cierta privacidad, donde estemos seguros de que nadie habrá de molestarnos, y de que nosotros tampoco molestaremos. Conviene usar un ambiente donde la persona se sienta segura y confiada para expresarnos lo que le sucede; tal vez, un lugar apartado del templo (como alguna aula u oficina).

Características del equipo

1 › Quienes integren el equipo deben haber sido ministrados en sanidad interior.

Todos necesitamos ser sanados por el Señor. No podemos ministrar a nadie, si el Espíritu Santo no nos ha sanado a nosotros primero.

2 › Quienes ministran deben estar bajo el señorío de Cristo.

Como hemos mencionado, la sanidad interior tiene como objetivo principal que el ministrado exprese el señorío de Cristo en su vida. El propósito de la sanidad interior no es encontrar demonios, sino que el señorío de Cristo sea más visible en la vida del creyente. Si hay señorío, será manifiesto el fruto del Espíritu. Y este no está asociado ni a la soberbia, ni a la vanidad, ni a la competencia ni a ningún sentimiento de la carne.

3 › Quienes ministran deben estar en total sujeción a su pastor.

Dios no reconoce a "llaneros solitarios", ni a "Rambos". Jesús creó la Iglesia para que continúe con su ministerio. En una Iglesia hay distintas responsabilidades y roles; por lo tanto, antes de ministrar a una persona, debemos consultar con el líder de la Iglesia y estar en sujeción a lo que él decida.

4 › En el equipo de sanidad interior debe haber un líder.

Esto permite llevar un control y un orden dentro de la ministración. El caos siempre es aprovechado por el enemigo. El líder debe, primeramente, levantar la historia y hacer las preguntas que considere pertinentes. Luego, tiene que conducir a la persona en la oración de renuncia. Los otros integrantes del equipo tendrán la responsabilidad de interceder durante toda la ministración.

5 › Quienes integran el equipo de sanidad interior deben procurar los dones de sanidad, discernimiento y liberación.

Don de discernimiento de espíritus: Es la habilidad que Dios da a ciertos miembros del cuerpo de Cristo para conocer, con seguridad, si determinado comportamiento que parece ser de Dios es, en realidad, divino, humano o satánico.

Dones de sanidades: Es la habilidad que Dios da a ciertos miembros del cuerpo de Cristo para servir como intermediarios humanos a través de los cuales le agrada a Dios curar enfermedades y restaurar la salud, más allá del uso de los medios naturales.

Don de liberación: Es la habilidad que Dios da a ciertos miembros del cuerpo de Cristo para echar fuera demonios.

Recomendamos, si usted siente que Dios quiere levantarlo –en su Iglesia– en el ministerio de sanidad interior, que comience YA a pedirle al Señor estos dones.

6 › No debe priorizarse este ministerio por sobre otros.

Una Iglesia que pretende cumplir con el ideal de Dios es la que tiene un equilibrio entre todos sus ministerios. El ministerio de sanidad interior es uno más dentro de la congregación, no es el más importante. Debemos seguir evangelizando, enseñando la Palabra, dando abrigo y alimento a quien no los tiene, y enriqueciendo cada día la comunión con Dios y con los hermanos.

7 › **Quienes ministran sanidad interior deben tener reserva absoluta.**

Uno de los errores que pueden cometer los integrantes del equipo es contar los pecados o puertas abiertas de quienes han ministrado, y transformar así, el ministerio en una maldición, más que en una bendición. Debemos tener absoluta reserva sobre lo que la persona nos expresa.

Seguimiento posterior del ministrado

Es muy posible que la persona que fue ministrada tenga algún tipo de opresión; por lo tanto, es importante que un integrante del equipo lleve adelante un seguimiento para interceder, prevenir, acompañar a esa persona y evaluar su proceso posterior a la ministración. Le decimos a la persona que ha sido sanada por el poder y la gracia del Señor. Ahora depende de ella mantener toda puerta cerrada y comenzar a vivir una vida de victoria. Le explicamos que ahora debe:

› Someterse a Dios y hacerle frente al enemigo (Santiago 4:7).
› Mantener toda puerta cerrada.
› En caso de opresión demoníaca, reprender en el nombre de Jesús.

> › Congregarse en una iglesia y buscar a Dios.
> › Ponerse la armadura de Dios, es decir, caminar cada día en el Espíritu.

En caso de manifestaciones en los cultos

También es importante que, cuando una persona se manifiesta durante el culto (durante la alabanza, la predicación del evangelio, o cuando alguien ora y reprende a los espíritus inmundos), el encargado del ministerio de sanidad interior esté cerca, y le hable al oído de la persona, sin gritar, ate todo espíritu inmundo y prohiba en el nombre de Jesús provocar disturbios en el culto.

Esto tiene varios sentidos: en primer lugar, porque el diablo intenta llevarse la gloria; en segundo lugar, porque va a tratar de infundir pánico en los hermanos que no tienen la madurez espiritual para entender lo que sucede. En tercer lugar, porque las manifestaciones demoníacas le hacen daño a la persona, desde el punto de vista físico y psíquico. Así que, se debe atar, ordenarle al espíritu humano o a la persona que tome dominio y control de su cuerpo, salir y caminar, llevarla a la sala de liberación sin ningún tipo de disturbio.

En el caso de que se manifieste en alguna reunión:

(a) Un hermano toma autoridad (los demás sólo oran e interceden) y es uno el que reprende (no todos) y ata a todo espíritu inmundo y le prohibe hablar y hacer daño. Ordena a la persona que tome control y dominio de su vida y mente.

(b) El equipo de consejeros lo lleva a una sala donde se realiza la expulsión (hemos visto, en algunos casos, hacer esto en medio del culto; puede ser una alternativa, aunque nosotros preferimos que se haga aparte, tanto para no distraer la centralidad del culto como para que la persona sea mejor ministrada).

(c) Se le explica lo sucedido y se le pregunta si desea recibir a Cristo, ser liberada y renunciar a todas las puertas abiertas.

(d) Se levanta las historia de las puertas abiertas y se le hace renunciar a ellas, concretamente (se comienza a reprender, detrás de cada una, al espíritu correspondiente).

(e) Si se manifiesta un espíritu, se lo echa fuera (sin cerrar los ojos) en el nombre de Jesús (a veces es importante saber el nombre, y a veces no, según el discernimiento del Espíritu que tengamos en ese momento).

(f) Al quedar libre la persona, se la estimula para que adore a Dios.

Impidiendo la
entrada al enemigo

› Cuando hablamos de "puertas abiertas", ¿en qué nivel de conocimiento lo hacemos?
› ¿Es imprescindible que la persona presente síntomas de demonización?
› ¿Por qué el elemento natural y el sobrenatural van de la mano o se interrelacionan?
› ¿Cómo debe quedar toda puerta abierta luego de la ministración?
› ¿Cuál es la obra del Espíritu Santo sobre las puertas, luego de la confesión y la renuncia?
› ¿Qué hace Dios con los pecados confesados?
› ¿Cuál es el resultado sobrenatural en la vida del creyente?

....

Identificación de las puertas abiertas

En realidad, a veces, poco importa el diagnóstico "sintomatológico", ya que puede existir demonización sin ningún síntoma.

Puede ocurrir que la persona no tenga síntomas como los antes mencionados, es decir, que sea un endemoniado "asintomático". Esto es adjudicable a varios factores; por un lado, puede ser que la persona endemoniada, cuando vamos a visitarla, no posea ningún síntoma porque el demonio se ha escondido, y esta nos refiere que ese día se siente perfectamente. Asimismo, puede suceder que el espíritu haya salido de la persona y espere a que nos vayamos para volver a entrar.

¿Qué características presenta la persona?

› ¿Por qué entraron los espíritus inmundos en la persona?
› ¿Qué síntomas generaban estos en la persona?
› ¿Cuántos eran?
› ¿Cómo salieron? (¿Cómo fue la expulsión?)
› ¿Cómo quedó la persona luego de la expulsión de demonios?

Es muy importante ver qué puertas abiertas ha dejado la persona a la cual vamos a ministrar. Estas puertas (más los síntomas) son las que nos darán un fuerte indicio de si la persona está endemoniada o no.

Los espíritus inmundos toman control de las áreas de las personas si se les da esa autoridad. Por ejemplo, tenemos a alguien que vive en la carne, en pecado –supongamos– por un odio profundo hacia su madre.

Así, la persona genera un hábito de pecado del cual es totalmente responsable delante de Dios:

$$\boxed{\text{Odio}} \quad = \quad \boxed{\text{PECADO}}$$

Ahora bien, este pecado ha abierto una puerta para que los espíritus inmundos tomen control de esa área. A ese espíritu que trabaja en el odio, lo llamamos "espíritu de odio". Este espíritu inmundo trabajará para que la persona desarrolle su odio aún más.

Odio

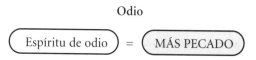

$$\boxed{\text{Espíritu de odio}} \quad = \quad \boxed{\text{MÁS PECADO}}$$

Tenemos dos elementos, entonces: uno natural, humano (el pecado que debe confesarse) y uno sobrenatural o espiritual (el espíritu que debe expulsarse):

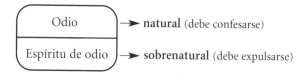

Odio ⟶ **natural** (debe confesarse)

Espíritu de odio ⟶ **sobrenatural** (debe expulsarse)

La persona –como dijimos– es responsable de su pecado. Debemos cerrar esa puerta cuando logramos que confiese y renuncie al mismo. Cuando esto se produce, entonces podemos reprender al espíritu (ya que ahora no tiene autoridad para quedarse porque la "puerta abierta" se ha cerrado):

Básicamente, las puertas por donde los espíritus inmundos atan o demonizan a la gente son:

Pecado   Ocultismo   Herencia   Heridas

Es importante, cuando ministramos, ver qué puertas se han abierto (para cerrarlas y echar fuera todo posible espíritu inmundo). Podemos tener, por ejemplo:

• Práctica ocultista de curanderismo ➤ Renunciar

• Espíritu de curanderismo ⟶ Expulsar

Como dijimos, también es muy importante certificar que la ministración sea hecha correctamente. En uno de los primeros casos ministré a una hermana y, a los treinta minutos aproximadamente, concluí la ministración de sanidad interior y creí –ingenuamente– que ya todo estaba listo. Sin embargo –con gran sorpresa y asombro– pude ver que no era así; necesitamos tres días más para ministrar a esa misma hermana, ya que innumerables espíritus inmundos se habían manifestado. No le había levantado correctamente TODA la historia de las cuatro puertas.

En otra situación, nos sucedió que, luego de ser ministrada una joven, continuaron varios síntomas importantes en su vida. Al ser citada nuevamente para orar y conversar un poco, un espíritu de muerte se manifestó y le hermana confesó muchas prácticas ocultistas (a las cuales no había renunciado y había ocultado), deseos de matarse, etc.

Otras veces, lo que los espíritus hacen es salir de la persona porque saben que van a ser expulsados; esperan (en la puerta de la iglesia o en la casa de las personas) y vuelven a entrar inmediatamente después.

Si una persona que posee un espíritu es alguien que jamás ha recibido a Cristo como su Señor, si no está dispuesto a recibirlo como su total Señor, mejor no ministrarlo (ya que las consecuencias para su persona pueden ser funestas). Lo mismo se aplica a una persona que no está dispuesta a cerrar TODAS las puertas, ya que, si una queda abierta, por allí vendrán siete espíritus peores y el postrer estado será peor que el primero.

Algunos hermanos, luego de levantar toda su historia, nos manifestaron que estaban dispuestos renunciar a todo MENOS a perdonar a alguien; obviamente, JAMÁS debemos ministrar en estos casos. O se renuncia a TODO o no debemos ministrar.

Pecado	Ocultismo	Herencia	Heridas
↓	↓	↓	↓
Puerta **abierta**	Puerta cerrada	Puerta cerrada	Puerta cerrada

↓

Siete espíritus peores

Hemos visto cosas terribles en hermanos que, en la ministración, no fueron sinceros y dejaron puertas abiertas. Antes de ministrar, debemos enfatizar mucho esto. Lo mismo, al terminar, hay que resaltar la importancia de que el hermano esté CONGREGADO en una iglesia. Hay poder y cuidado espiritual en alguien que está unido al cuerpo de Cristo, que camina en santidad y busca cada día más de Dios.

También puede suceder que existan puertas abiertas, pero no haya ningún espíritu inmundo morando en la persona; esto puede deberse a:

› Que no exista demonización (si no existe desde adentro de la persona, sino desde afuera, es decir, como algún tipo de atadura).
› Que hayan salido para volver después (no podrán volver si se cierran todas las puertas).
› Que estén escondidos (por no haber sido reprendidos o por haber ministrado mal a la persona).
› Que estén en otro integrante de la familia (que se hayan ido a otro lado).

5

Cerrando la puerta del ocultismo

› ¿Por qué Pablo hace tanto énfasis en vestirse con la armadura de Dios?

› ¿Cuáles son los medios que utiliza el enemigo para acechar a los hijos de Dios?

› ¿A través de qué formas y actitudes concretas podemos resistir a Satanás?

› ¿Qué entiendes por la frase: "El creyente está en conflicto en forma multidimensional"?

› ¿En qué se asemejan y en qué se diferencian la umbanda, la quimbanda y el espiritismo?

› ¿Qué necesitan los espíritus inmundos para poder expresarse?

› ¿Cuál es la diferencia entre "demonización" e "incorporación de espíritus"?

› ¿Quiénes incorporan espíritus y para qué lo hacen?

› ¿Podrías mencionar distintas prácticas religiosas que Satanás utiliza para engañar a la humanidad?

¿Cristianos con demonios?

Uno de los temas más controvertidos durante muchos años fue el de si un cristiano podía estar "poseído" por el demonio. Sin embargo aquí –nuevamente– es importante asirnos de las Escrituras (y de la experiencia). Aunque las Escrituras no nos dicen abiertamente que un cristiano puede estar endemoniado, tampoco nos dicen lo contrario. Algunos textos y la experiencia nos hacen suponer, con mucha firmeza, que puede estarlo. Uno de los "argumentos" más frecuentes es que cómo si un cristiano tiene el Espíritu Santo puede tener, también, algún espíritu inmundo. Si embargo, este argumento cae por tres motivos:

1 › **Ambos pueden coexistir:** el Espíritu Santo con espíritus. ¿Acaso Dios no es omnipresente, no llena la Tierra de su presencia y es en la misma Tierra donde los espíritus malos hacen sus obras? ¿Acaso no pueden existir, en una casa, la mugre y la limpieza en diferentes habitaciones?

2 › **El Espíritu Santo mora y llena las áreas entregadas a su dominio, no reina en las áreas que no fueron entregadas:** nosotros pensábamos que el Espíritu Santo llenaba toda la vida; sin embargo, yo puedo haber entregado el área de mi dinero al Señor, pero no la de mi sexualidad; entonces, allí donde el Espíritu Santo no vive, los espíritus inmundos actúan. Por esto mismo dice el apóstol: *"no deis lugar al diablo"* (Efesios 4:17).

Creo que el punto de si un cristiano puede estar endemoniado o no se ha debido a una confusión. Pensar que el Espíritu Santo cuando recibimos a Cristo llena toda la persona, implicaría que no hay lugar para que un espíritu inmundo habite o cohabite con el Espíritu de Dios, pero más bien tendríamos que considerar la morada del Espíritu Santo de Dios en términos de áreas, y no de personas. Puede llenar a toda la persona si esta le entrega todas las áreas de su vida. En las áreas donde hay rendición, el Espíritu gobierna (en ellas se anda en el Espíritu) mientras que las áreas gobernadas por el pecado, ocultismo, etc., quedan dominadas por el espíritu inmundo.

3 › **Las permanentes exhortaciones bíblicas:** a "estar firmes", a "fortalecerse en el Señor". Los cristianos debemos entrenarnos para derribar fortalezas (2 Corintios 10:4), para resistir al diablo (Santiago 4:7) y para luchar contra principados y potestades (Efesios 6:12). Sin embargo, esto requiere una preparación. En Efesios 6.11 se nos exhorta a vestirnos con toda la armadura de Dios para estar firmes contra las asechanzas del diablo. La palabra griega para asechanzas es *"metodeia"*, que significa método y plan establecido de engaño. ¿Puede un cristiano estar poseído? Claro que sí, en aquellas áreas en donde se le ha abierto y se habla el mismo lenguaje de Satanás. Él tiene un interés especial por el cristiano, por el cuerpo de Cristo ya que hará todo lo posible para destruir y debilitar el ministerio de la iglesia de Dios. Hay principados que se encargan, directamente, de destruir las iglesias; principados de denominacionalismo, sectarismo, frialdad, etc.

¿Puede Satanás demonizar a los creyentes? Sí, a aquellos que no están EN Cristo, que no caminan en su Espíritu; a aquellos que no viven bajo el TOTAL y permanente control del Espíritu Santo de Dios.

Durante muchos años sostuvimos –sobre la base de la verdad anteriormente mencionada– que el creyente no tenía de qué preocuparse, ya que no podía quedar endemoniado. Pero las Escrituras nos advierten a:

› No caer en la condenación o en el lazo del diablo: 1 Timoteo 3:6-7.
› No apartarse en pos de Satanás: 1 Timoteo 5:15.
› No quedar devorado por Satanás: 1 Pedro 5:8-9.
› No dejarlo entrar en la vida. Cuando se dice que Satán entró en la vida de la persona, hay referencia al pecado voluntario, como el de Judas (Lucas 22:3, Juan 13:27) o Ananías (Hechos 5:3); la palabra "llenar" es *"pleroo"*, (llenar hasta arriba), la misma utilizada en Efesios 4:27.
› El diablo puede ejercer control total o parcial por el pecado. El enemigo puede morar en el lugar que el creyente le otorgue. Efesios 4:27.

La carne y el pecado, el mundo y Satanás.

Siempre supimos que la guerra espiritual contra el creyente provenía de tres fuentes: la carne, el mundo y Satanás. Creíamos que cada uno **por separado** actuaban en la vida del creyente según este le diera lugar. Hoy sabemos que esta **separación** obedeció a nuestra antropología griega separatista.

El creyente está en conflicto en forma tridimensional:

• El mal interno: la carne
• El mal social: el mundo
• El mal sobrenatural: Satanás

Los tres actúan juntos. Los demonios brotan en el pecado, en la carne; están detrás de las tentaciones prontos a tomar control y dominio de los cristianos. Cuando una de estas tres fuentes aparece como predominante, llama a las otras dos. Así como muchas veces no podemos separar los conflictos psicológicos de los espirituales (en ocasiones, sí podemos), en la mayoría de los casos el conflicto espiritual proviene de las tres fuentes juntas. Satanás y sus demonios están en guerra contra todo creyente que desee vivir en el Espíritu.

Todos los que no están dentro del Reino de Dios están en el reino de las tinieblas, no hay un tercer reino; nos guste o no, esta es la verdad de la Palabra de Dios (Mateo 13:38, 1 Juan3:10, 5:18-20).

Dice Hechos 26:17-18:

"...librándote de tu pueblo, y de los gentiles, a quienes ahora te envío, para que abras sus ojos, para que se conviertan de las tinieblas a la luz, y de la potestad de Satanás a Dios; para que reciban, por la fe en mí, perdón de pecados y herencia entre los santificados".

TODAS las personas que no están en el Reino del Amado Hijo están bajo el *"príncipe de la potestad del aire"* (Efesios 2:2); habitan en el reino de Satanás (Colosenses 1:12-14), atados por él (Hechos 26: 18). Al no haber nacido en el Espíritu, son hijos del diablo (1 Juan 3:3-10), cegados a la verdad del evangelio (2 Corintios 4:3-4), bajo su poder (1 Juan 5:19), siendo su propiedad (Mateo 12:22-29), esclavizados por su control (1 Juan 5:19).

El hombre posee una naturaleza perdida y depravada que el Nuevo Testamento llama la vieja naturaleza.

Hemos heredado esta naturaleza (Romanos 5:12-19). Ella no quiere saber nada con las cosas de Dios. Es el contraste expresado por Pablo como "el hombre natural" y el "hombre espiritual". Esta naturaleza caída se describe como "carne". Esta es una de las luchas del creyente con su vieja naturaleza.

Dice Romanos 8:7-8:

"Por cuanto los designios de la carne son enemistad contra Dios; porque no se sujetan a la ley de Dios, ni tampoco pueden; y los que viven según la carne no pueden agradar a Dios".

Esta naturaleza vieja es la que desea gobernar nuestras vidas, despojarnos de la mente de Cristo y revestirnos del pecado. La carne no puede ser "liberada", ni "domada", ni "adornada", debe morir. Si vive, trae a sí misma los espíritus inmundos. Estos se recrean y "se alimentan", hacen su morada –como señalamos anteriormente– en la carne. Es su medio, su hábitat, su clima; de allí que es tan importante no vivir en la carne. El resultado de vivir en la carne es solamente uno: el pecado. La lista de Gálatas 5:19-21 nos muestra los resultados de vivir en la carne.

Por eso, Pablo dice en Efesios 4:27:

"No deis lugar al diablo".

El pecado le da lugar para que él haga su morada y, desde esa área, controle la vida. Satanás puede hacer lo que quiera cuando un cristiano DECIDE vivir bajo la vieja naturaleza, pues se coloca bajo su dominio y potestad.

Esto explica por qué creyentes que han caminado en

la carne han cometido cosas realmente asombrosas desde el punto de vista humano; lo natural y lo sobrenatural se mezclan como el café con la leche.

En 2 Timoteo 2:26 dice que los que practican el pecado caen atrapados en el lazo del diablo y "están cautivos a voluntad de él". Debemos morir a la carne, matarla, crucificarla.

Así dice Gálatas 2:20:
"Ya no vivo yo, mas vive Cristo en mí".

Dice Gálatas 5:24:
"Los que son de Cristo han crucificado la carne con sus pasiones y deseos".

Dice Romanos 6:11:
"Así también vosotros consideraos muertos al pecado, pero vivos para Dios en Cristo Jesús, Señor nuestro".

Dice 1 Juan 3:8, 10, 12; 5:18-19; 2:14:
"El que practica el pecado es del diablo; porque el diablo peca desde el principio. Para esto apareció el Hijo de Dios, para deshacer las obras del diablo (...) En esto se manifiestan los hijos de Dios, y los hijos del diablo: todo aquel que no hace justicia, y que no ama a su hermano, no es de Dios (...) No como Caín, que era del maligno y mató a su hermano. ¿Y por qué causa le mató? Porque sus obras eran malas, y las de su hermano justas (...) Sabemos que todo aquel que ha nacido de Dios, no practica el pecado, pues Aquel que fue engendrado por Dios le guarda, y el maligno no le toca. Sabemos que somos de Dios, y el mundo entero está bajo el maligno (...) Os he escrito a vosotros, padres, porque habéis conocido al que es des-

de el principio. Os he escrito a vosotros, jóvenes, porque sois fuertes, y la palabra de Dios permanece en vosotros, y habéis vencido al maligno".

Esto debe hacerse día tras día. Cuando morimos voluntariamente a la carne, renunciamos a ser gobernados por la carne; entonces, decidimos vivir en el Espíritu. Esto implica ser lleno, y controlado, gobernado, sometido por la voluntad y guía total de su Espíritu. Confesar todo pecado y rendirse totalmente a Jesús constituyen la victoria.

Dice un maravilloso pasaje en Gálatas 6:14:

"Pero lejos esté de mí gloriarme, sino en la cruz de nuestro Señor Jesucristo, por quién el mundo me es crucificado a mí, y yo al mundo".

Las tentaciones del mundo desean "activar" nuestra vida en la carne; es nuestra decisión acceder a esto o no. El creyente sabe que su ciudadanía está en los cielos (Filipenses 3:20). Se nos manda con mucha claridad en 1 Juan 2:15:

"No améis al mundo, ni las cosas que están en el mundo. Si alguno ama al mundo, el amor del Padre no está en él".

Jesús mismo nos recuerda en Juan 15:19:
"Si fuerais del mundo, el mundo amaría lo suyo; pero porque no sois del mundo, antes yo os elegí del mundo, por eso el mundo os aborrece".

El mundo es el sistema de pensamiento y de vida

que no considera a Dios y su Palabra. Es un sistema organizado de vida ,cuyo fundador es el mismo Satanás; él es su príncipe. Tanto los demonios como la carne se encuentran cómodos en dicho sistema; los tres se pertenecen mutuamente. Esto lo aclara Juan en su primera carta 5:19:

"Sabemos que somos de Dios y el mundo entero está bajo el maligno".

Sin embargo el Nuevo Testamento, en este sentido, es alentador; todo creyente que camine en el Espíritu puede vencer al mundo; es nuestra fe la que lo hace posible (1 Juan 5:4-5). Nosotros hemos sido crucificados a este mundo (Gálatas 2:20; 6:14).

Satanás es propulsor del pecado, él tienta al hombre para que peque (Génesis 3:1-6). Puede causar enfermedades (Hechos 10:38). La muerte y el diablo quedaron como amigos luego de la caída (Hebreos 2:14). Él pone trampas para que los creyentes queden atrapados con su lazo (1Timoteo 3:7). Se mete en la mente, para provocar malas acciones (Juan 13:2 y Hechos 5:3). El evangelio de Juan 13:27 lo explica claramente cuando dice:

"Tan pronto como Judas tomó el pan, entró Satanás en él".

Dice 2 Timoteo 2:26; 3:3:
"Y escapen del lazo del diablo, en que están cautivos a voluntad de él".
"Sin afecto natural, implacables, calumniadores, intemperantes, crueles, aborrecedores de lo bueno".

Dice Hebreos 2:14:

"Así que, por cuanto los hijos participaron de carne y sangre, él también participó de lo mismo, para destruir por medio de la muerte al que tenía el imperio de la muerte, esto es, al diablo".

El diablo intenta quitar la Palabra de aquellos que creen. Dice Lucas 8:12:

"Y los de junto al camino son los que oyen, y luego viene el diablo y quita de su corazón la palabra, para que no crean y se salven".

Dice Efesios 6:11:

"Vestíos de toda la armadura de Dios, para que podáis estar firmes contra las asechanzas del diablo".

Pone sus falsos profetas para que confundan (Mateo 13:38-39). Puede zarandearnos (Lucas 22:31, 2 Corintios 12:7. Satanás intenta detenernos (1Tesalonicenses 2:18); puede ocasionarnos algunos problemas (Apocalipsis 2:10). La persona ministrada debe confesar todo pecado oculto y renunciar a toda atadura del mismo. Debe decidir vivir en santidad y caminar diariamente bajo el Espíritu Santo de Dios.

¿Cómo trabajan los espíritus inmundos?

Cuando hablamos de umbanda, hablamos de un sincretismo de la mitología africana, de la mitología indígena brasileña y del espiritismo. En umbanda, los demonios son adorados, incorporados y agradecidos como verdaderos dioses, como verdaderos santos, los dioses son llamados *"orixás"*. También llaman a los espíritus desencarnados o espíritus menores que son los *"caboclos"*, *"pretos velhos"*, etc.

En quimbanda los dioses son llamados *"exús"*, que son adorados y servidos (son los espíritus malos). Los espíritus necesitan los cuerpos para poder expresarse, para tomar los sentidos de los humanos, para poder destruirlos.

Según los espiritistas, el "médium" sirve de intermediario entre el consultante y los espíritus de los muertos. Según ellos, la mediumnidad puede ser mental o física. La mediundidad mental se da cuando la persona puede ver o escuchar cosas sobrenaturales y la física ocurre cuando la persona se coloca bajo el gobierno de los espíritus de muertos que va a incorporar.

La incorporación de los espíritus puede ser total o parcial, según ellos. Nosotros sabemos que el grado de totalidad plena no existe ya que esto negaría la imagen de Dios en el ser humano. Una de las formas más frecuentes que tienen de ganar a sus adeptos –tanto los espiritistas como los de umbanda– es decirle a las personas que deben desarrollar su "don de mediunidad" ya que son médium de nacimiento. Les dicen, también, que lo deben hacer para ponerse al servicio de los demás.

Es frecuente que un espíritu inmundo se aloje en el estómago, la garganta o cualquier parte del cuerpo de la persona, y se oculte allí (donde intentará provocar alguna enfermedad, locura, dolores, etc.).

Es interesante que cuando una persona tiene alguna perturbación (en la cabeza u otro lugar del cuerpo) y consulta a un pai de Umbanda (para recibir un destrabe, un pase o una liberación) los espíritus inmundos se ponen de acuerdo y hacen un contrato; entonces, el espíritu inmundo que oprime a la persona consultante habla con el espíritu inmundo que tiene el pai para hacer un alto en el dolor ocasionado, para irse a otro lugar del cuerpo y allí producir otro dolor (el espíritu de menor jerarquía se somete al de mayor jerarquía demoníaca). Esto tiene como finalidad hacerle creer a la persona que esa consulta con el pai ha servido y, así, "enganchar" a la persona en el rito de umbanda. Por eso, algunos parecen curados; sin embargo, un análisis más profundo mostrará que el postrer estado va a ser mucho peor que el primero. Ya sabemos que el diablo intenta, siempre, imitar a Dios; de allí que ha hecho sus religiones, con sus ritos, en una búsqueda de copiar todo lo que la Biblia enseña, pero ofreciéndoselos a él.

Todos los ritos de umbanda, quimbanda, espiritismo y todas las sectas, no solamente engañan doctrinalmente, sino que sirven –directa o indirectamente– al príncipe de este mundo, que es Satanás. Una persona posee un desengaño amoroso, pierde su trabajo, o tiene una enfermedad; entonces recurre a un pai de umbanda o una mai de los santos para ser sanada o encontrar paz en su corazón. Lo primero que le hacen es una limpieza para retirar los malos espíritus y para poder recibir a los buenos espíritus o a los *"oriyás"*. Allí mismo, le dicen a esta persona que es un/a médium de nacimiento, o que posee un alma especial que debe desarrollar para poder bendecir a otros.

Así, sin darse cuenta la persona comienza a servir a los mismos demonios del infierno. Lentamente, los espíritus inmundos comienzan a oprimir a la persona para, luego, entrar a su cuerpo y así aumentar y multiplicar su sufrimiento. La forma más profunda de involucrarse en el rito de la umbanda es la realización del pacto de sangre a través de animales como puercos, gallinas, cabras, etc.

Algunas personas, recurren al Espiritismo con la esperanza de volver a hablar con el familiar fallecido. Cuando toman contacto con la médium –llenos de alegría– creen que hablan con ese familiar, ese hijo o ese padre muerto, sin darse cuenta de que hablan con un espíritu engañador que mora en la persona del médium.

Así, lentamente, sus seguidores comienzan a engañarlos con las doctrinas del diablo. Algunos necesitan alguna demostración de poder para que puedan ser convencidos; así que, los demonios comienzan a adivinar, a arriesgar pronósticos sobre sus consultantes y a acertar en muchas de las cosas que dicen (especialmente, las que tiene que ver con el pasado de la persona; las relacionadas con el futuro son presupuestos; entonces, arriesgan, para poder seguir engañándola).

Preguntas clave para detectar posibles casos de demonización.

Los espíritus inmundos escuchan lo que conversamos entre nosotros, y es frecuente que cuando una persona consulta a un parapsicólogo o adivino, este le puede revelar cosas que ha hecho en el pasado, ya que el espíritu inmundo que mora en el consultante, corre inmediatamente y se lo revela al adivino. Entonces, el adivino –por revelación directa del espíritu inmundo– le puede decir lo que el consultante vino a averiguar. Los espiritistas trabajan con los espíritus desencarnados de los muertos que pueden ser de un poeta, un pintor o de algún familiar. Sin embargo, nosotros sabemos, con claridad, que los muertos no tienen comunicación directa con los vivos, y que los espíritus inmundos se hacen pasar por los muertos.

En los espiritistas son los espíritus desencarnados, en los umbandas son los *"orixás"*, y en los quimbanda son los *"exús"*. No importa el nombre que tomen, la Biblia dice que son demonios. Todas las personas que poseen espíritus inmundos van a tener algún dolor en su cuerpo, en su mente o en su espíritu, ya que el enemigo siempre que toma un cuerpo por habitación lo hace con la finalidad de matar, dañar o destruir.

Es importante preguntar, una por una, las prácticas e incursiones de la persona referentes a lo oculto. No importa que haya ido "sin creer mucho en estas cosas" o "buscando a Dios", ya que el diablo no respeta la motivación. Es importante anotar una por una las prácticas que haya realizado, para poder, luego, renunciar respectivamente. Damos, a continuación, un modelo que hemos desarrollado en otro libro sobre el tema:

Debemos saber si la persona participó activa o pasivamente (fue llevado) en:

› Curanderismo:
  Mal de ojo, empacho, dolor de muelas, quemaduras, pata de cabra, verrugas, culebrillas (herpes zóster), y otros.

› Tirada de cartas
› Astrología
› Viajes astrales
› Adivinación
  (cartomancia, quiromancia)
› Grafología
› Parapsicólogos
› Prácticas o juegos
  parapsicológicos:
  percepción extransensorial,
  hipnosis, clarividencia
› Magia blanca, negra, roja
  o amarilla
› Contacto angelical
› Llamado de fuerzas
  espirituales
› Espiritismo
› Juego con la tabla ouija
  (o juego de la copa)
› Conjuros, oraciones,
  encantamientos

› Tarot
› Procesiones
› Promesas a algún santo
› Carta natal o zodiacal
› Lecturas de libros ocultistas
› Promesas o pactos:
  (confirmación, bautismos,
  etc.)
› Lecturas o encuentros con
  OVNIS
› Meditación trascendental
› Incorporación de espíritus
› Control mental
› Visualización
› Orientalismo
› Yoga
› Medicina y psicología de la
  Nueva Era
› Terapia de vidas pasadas

Hemos visto cómo la demonización ha tomado distintos nombres y distintas formas, a lo largo de la historia. Satanás se ha escondido con ropa nueva, pero con el mismo olor a maldad que lo caracteriza. La "posesión demoníaca" cobra distintos nombres, según qué religión utilice Satanás. A modo de bosquejo, nombraremos: primero, el nombre para designar la demonización; en segundo lugar, la religión que lo promueve y, en tercer lugar, a quién (según el grupo) llaman:

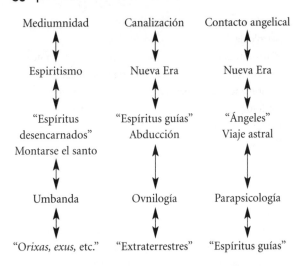

Mediumnidad Canalización Contacto angelical

Espiritismo   Nueva Era   Nueva Era

"Espíritus   "Espíritus guías" "Ángeles"
desencarnados" Abducción   Viaje astral
Montarse el santo

Umbanda   Ovnilogía Parapsicología

"Orixas, exus, etc." "Extraterrestres" "Espíritus guías"

También preguntamos por su involucramiento en lo sectario:

- › Testigos de Jehová
- › Espiritismo
- › Umbanda
- › Macumba
- › Vudú
- › Mormones
- › Ciencia Cristiana
- › Masonería
- › Nueva Apostólica
- › Orientalismo
- › Otros

Vemos también si ha realizado o le han realizado trabajos vinculados con lo oculto:

- Por otras personas hacia él.
- De él hacia otras personas: (llevar fotos, ropas, recitaciones, ofrendas, etc).

- Trabajos en la casa: (limpieza, destrabe, unidad familiar, tijera abierta, arroz, moño rojo, etc).
- Trabajos para la casa de otro.

A continuación, presentamos algunos casos que ejemplifican de qué manera trabajan los espíritus inmundos:

1 › Por consultar sobre alguna dolencia:

Son muchísimas las maneras en que los espíritus inmundos pueden demonizar a las personas. Generalmente, todo comienza cuando hay una dolencia, enfermedad, muerte, cosas raras que suceden, mala suerte, etc.; la persona llega a un templo de umbanda y le dicen que es un médium de nacimiento, que debe desarrollarse.

Los espíritus inmundos pueden causar tragedias en las vidas de las personas. Sin embargo, no pueden transgredir la voluntad de ellas; directa o indirectamente, pasiva o activamente deben darles el lugar o la autoridad legal para que estos moren u opriman su vida. Aun algunos espíritus engañadores pueden provocar enfermedades que, en el área de la medicina, parezcan enfermedades comunes.

Un caso lo tenemos registrado en los evangelios, el espíritu mudo y sordo. Cualquiera de nosotros, lo primero que haría sería mandar al médico a tal persona en vez de orar y reprender todo espíritu de enfermedad para poder cortar cualquier posible opresión de un espíritu inmundo. No toda persona enferma tiene un espíritu inmundo, pero sí sabemos que todo espíritu inmundo siempre va a provocar algún tipo de mal; dolencia mental (por ejemplo, llevar a la muerte a la persona, hacerla dependiente de amuletos y talismanes, oprimirla espiritualmente), enfermedad física, etc.

2 › Por haber participado, directa o indirectamente, en estos terrenos:

Muchas personas nos han dicho que fueron a ver qué sucedía o simplemente a ser destrabados o limpiados. Sin embargo, bastó con ese contacto para que los espíritus inmundos entrasen. Sabemos que cuando los africanos llegaron al Brasil fueron condenados y usados como esclavos.

Todos aquellos que practicaban el vudú –religión africanista– eran condenados a muerte; por eso, fue necesario buscarle a sus dioses nombres paralelos a los de los santos de la iglesia católica. Así, por ejemplo: San Jorge representa a *Ogún*, la Virgen María a *Iemanyá*, la Santísima Trinidad a *Sambi*, *Oxalá* y *Orixalá*. Ellos nos hablan de los *"exús"* o espíritus atrasados (que son menos desarrollados) y los *"orixás"* (espíritus adelantados).

A los espíritus les gusta ser adorados y, en muchos casos, usan la psicografía (la persona escribe en estado de trance los mensajes que le dicta el demonio) para transmitir sus mensajes y así engañar aún a los escogidos de Dios. Las prostitutas, homosexuales o lesbianas pueden ser endemoniadas por la "Pompa gira", "María mulambo", etc.

Estela es una mujer de mediana edad, aproximadamente de unos treinta y cinco años, casada, con hijos. Ella, en una de nuestras reuniones, recibió al Señor Jesucristo como su Salvador y comienza a asistir a la iglesia.

Al levantar su historia personal, durante la ministración, encontramos algunos intentos de suicidio cuando era chica, odio profundo hacia la mamá y la abuela paterna, un aborto, y un temperamento que se caracteriza por gritos, mal humor y agresividad hacia los chicos. Nos relata, también, que tiene miedo a todo. En su historia, relacionada con el ocultismo, encontramos algunas incursiones con parapsicólogos. Su incursión mayor fue en umbanda. Su mamá le llevó allí ropa y fotos, con la finalidad de que pudieran liberarla de malas influencias. Estela vio incorporar espíritus, de los que –nos certifica– no recuerda sus nombres.

Es importante, cuando levantamos la historia del ocultismo, preguntar si ha estado en umbanda, quimbanda, candomblé, espiritismo, etc.; si ha visto incorporar o si ha incorporado espíritus (y, en todo caso, qué "santo", qué *"orixás"*, qué "guías",o qué *"exus"*). En una de las asistencias a umbanda fue limpiada y le hicieron un destrabe de las energías negativas que había en ella. Uno de sus primos lejanos es pai y su mamá tiene gran vinculación –hasta el día de hoy– con todo tipo de umbanda y de quimbanda. Recuerda que, en una oportunidad, le habían dado una bolsa con piedritas y con tierra, una manita enroscada con un puño cerrado y también cosas para tomar (las cuales, por desconfianza, no tomó).

La mamá también hizo un pacto de sangre en umbanda y, junto con sus hermanas (es decir, las tías de Estela) asisten y son devotas de umbanda. Estela es una mujer a la que le cuesta congregarse. Muchas veces fue invitada y animada, tanto por mí como por otros, a congregarse, estudiar la Palabra del Señor y orar. Sin embargo, siempre mostró inconstancia y grandes dificultades. Cuando efectuamos sanidad interior y expulsión de demonios, obviamente, entendimos a qué se debía eso.

Sus suegros también asisten a quimbanda. Toda la familia del marido realiza, frecuentemente, trabajos en favor de la "salud". La abuela paterna también frecuentaba quimbanda y hacía trabajos con animales; asimismo, nos certifica que ella recuerda que su abuela paterna enterraba fotos. Estela ha encontrado en su casa frecuentes trabajos con sangre, yerba, aceite, muñecos atados, pinchados, fotos cosidas, trapos anudados, pañuelos anudados y también expresa que durante la noche es sonámbula. Tiene en su casa dos crucifijos con caracoles; uno se lo regaló la suegra y otro –con tierra de Israel– su mamá. Aquí tenemos un caso de involucramiento familiar bastante importante.

Estela nunca fue ministrada, no sabe lo que es la sanidad y la expulsión de demonios, ya que nunca asistió a una iglesia para poder comprobarlo.

Al levantarle la historia empezamos con la ministración. En nuestra estadística, certificamos que de diez personas, ocho han tocado algún *"terreiro"*, han asistido a reuniones de umbanda o han hecho algún trabajo. Entre los síntomas que tenía Estela encontramos: intentos de suicidio, celos, irritabilidad, algunos signos de violencia contra su familia, miedos frecuentes y sonambulismo. Tales características nos deben llamar la atención, ya que, unidas con compromisos ocultistas, configuran un fuerte indicio de que espíritus inmundos trabajan en la persona.

Cuando comenzamos a reprender todo espíritu de umbanda y le ordenamos que saliera de Estela, ella empezó a taparse la boca, su rostro se transformó y acercó el oído a su hombro para tapárselo. Cuando seguimos reprendiendo, dio vuelta la cabeza para el otro lado e intentó taparse el otro oído también. Al acercarme a su oído para seguir reprendiendo, ella volvió a taparse con las manos y lentamente comenzó a tener alguna convulsión arrítmica. En casi todos los casos, hemos observado esta situación donde el espíritu inmundo intenta tapar los oídos con las manos o bloquea los oídos llevándose lejos a las personas. Esto significa que los espíritus inmundos toman la mente de las personas y se la llevan lejos, y la persona queda como anulada, desmayada. Por eso, es importante, cuando reprendemos, certificar si la persona no se ha ido; si cierra sus ojos y su cabeza cae, por más que nosotros reprendamos el espíritu se ha ido lejos junto con la mente de la persona. Nos sucedió en el caso de Estela; en el momento de reprender, ella cerraba los ojos y su cabeza caía como desmayada, perdía todo conocimiento.

Ordenamos, en el Nombre de Jesús, a todo espíritu inmundo que había tomado la mente, que la soltara e instamos a la persona a que tome control de su cuerpo y de su mente, en el Nombre de Jesús. Es sorprendente ver cómo esto, automáticamente, se realiza. Es muy probable –como nos sucedió con Estela y hemos visto en muchos casos– que, al comenzar a reprender, el espíritu inmundo deje de manifestarse violentamente y que la persona quede mirándonos y diciéndonos con voz tranquila que quiere irse, que no tolera más, que no quiere estar en ese lugar, que tiene miedo que le hagan daño, etc. Obviamente, allí debemos reprender todo espíritu de temor y de mentira, ya que lo más probable es que sea el mismo espíritu inmundo el que nos hable a través de la persona.

Con Estela sucedió que, en un momento, yo le pregunté cómo se sentía (ella estaba con los ojos abiertos, ya habían salido varios espíritus inmundos y miraba hacia delante). Yo estaba sentado a su derecha y le pregunté cómo se sentía, le decía que Jesús la amaba, que estábamos para ayudarla, que ella estaba haciendo todo muy bien y en cámara lenta); entonces, dio vuelta su cabeza, me miró a los ojos, y me dijo: "voy a destruirte".

Los espíritus inmundos van a utilizar las mil y una maneras de provocar confusión, temor, y de asustar tanto a la persona como al equipo de sanidad. También se manifestó en Estela un espíritu de burla. En un momento, cuando reprendíamos, comenzó a reírse, diciendo que estamos perdiendo el tiempo, que es una pavada lo que estábamos haciendo y que de ninguna manera se iba a ir. El espíritu de burla aparece casi siempre e intenta desprestigiar la sesión de expulsión de demonios. Intenta provocar risa en todos los asistentes, desmerecer lo que se hace e intenta llevarlo al plano de lo ridículo. Al seguir reprendiendo al espíritu de burla, inmediatamente después, el espíritu empieza a hacer seña de llanto diciendo que no quiere irse, que no le gusta dejar ese cuerpo y que desea quedarse con ella. Al insistirle en que debe irse, comenzaron dolores profundos en el estómago, luego en el pie, luego en la mano. Al prohibirle que le haga daño, que suelte todos los miembros del cuerpo, que ya que se le habían acabado el dominio y la potestad sobre esa vida porque Cristo lo estaba echando, inmediatamente Estela comenzó a llorar y gritar diciendo que estaba viendo imágenes terribles en su mente (que, luego, nos contó que eran todas las referidas al abuso sexual que había vivido en su infancia). En Estela vimos cómo, inmediatamente, al atar al hombre fuerte, al prohibirle al jefe de la colonia ejercer violencia y ordenarle salir, comenzó a hacer señales con sus manos.

3 › Por trabajos:

Los trabajos más frecuentes que hemos observado son las comidas trabajadas y sacrificadas a los ídolos. Estos espíritus inmundos exigen mucho de sus seguidores, cobran caro: con la vida. Nada es más precioso para ellos que quitar la vida, ya que el diablo vino para hurtar, matar y destruir. Debemos decirle a la gente que cuando una persona tiene un problema, inmediatamente, el primero que se les presenta es Satanás. Él es el primero que se coloca delante de nosotros cuando tenemos un problema o un enfermedad para proponernos una solución. Sin embargo, él siempre cobra caro; sus métodos pueden resultar en algún tipo de beneficio pero, a la larga, el postrer estado va a ser peor que el primero.

Para esto, los demonios exigen trabajos sumamente variados en comidas, bebidas, etc. Con estos elementos les otorgan autoridad legal a los espíritus inmundos para que ellos trabajen con más poder. Así, se fortalece la operación de los espíritus inmundos (llámense *"pretos velhos"*, *"cabóclos"*, *"exús"*, *"orixás"*, etc.). En muchos de los trabajos que se realizan en umbanda o candomblé debe participar activamente la persona. Realizan trabajos para matar a una persona, unir una pareja, atraer un amor imposible, etc.

El diablo intenta confundir a las personas y toma elementos de la Biblia, con los cuales realiza su trabajo. Por ejemplo toma el número siete (que es el número de la perfección); está usado por los de umbanda para pedir siete velas, siete gallinas, hacer siete trabajos, siete días, etc. Los elementos que van a usar para sus trabajos van a ser de los más variados: flores, velas, animales y dentro de quimbanda y candomblé, preferentemente, la sangre de animales. Existe un libro llamado *"Adeká"*, donde se encuentran cientos y cientos de recetas para poder realizar todo tipo de trabajos Es uno de los libros claves que los pai y las mae utilizan para realizar sus trabajos diabólicos.

Hemos visto las consecuencias de trabajos y de alimentos trabajados dados a las personas consultantes que, al ingerirlos, incorporan espíritus inmundos. Hay demonios que se esconden en las puertas de las casas, de las iglesias, en las esquinas, etc. Viven allí y esperan el momento oportuno para entrar en el corazón de las personas. Usan el cuerpo de las personas para expresarse y, como hemos dicho, siempre que un demonio está en la persona, esta sufre algún tipo de mal.

El caso de Romina también es interesante. Romina es una mujer de unos 45 años con una hija de 8. Asiste a una iglesia evangélica, es una fiel creyente y desea cada vez más de Dios. Fue criada en un ambiente netamente espiritista, su abuela era espiritista practicante; su madre, espiritista y curandera practicante. Romina poseía dotes paranormales que desaparecieron cuando recibió a Cristo como su Señor y Salvador. Al ser ministrada, en el momento de reprender los espíritus inmundos, Romina comenzó a danzar con las manos como una bailarina. En ese preciso momento Dios me da discernimiento de romper toda danza que había realizado siendo pequeña en umbanda. Nosotros no teníamos ese dato pero, por discernimiento de Dios, rompimos todo trabajo de danza hecho en umbanda, en el Nombre de Jesús. Bastó decir esto cuando, con un grito desgarrador, comenzó a manifestarse y a decirnos –el espíritu inmundo– que no, que no iba a salir, que lo dejásemos seguir en ese cuerpo en el que vivía desde hacía muchos años.

Ella nos refirió que, a los dos meses, la abuela espiritista le había quitado la mamadera para darle mate. Costumbre extraña, que a toda la familia le llamaba la atención. En un momento de la ministración oramos rompiendo todo mate trabajado por magia negra que la abuela hubiera hecho y, nuevamente, allí se manifestó otro espíritu inmundo que salió de su cuerpo, para la gloria de Dios. El caso de esta hermana fue bastante difícil, ya que un espíritu de confusión se apoderó de todo el equipo. Cuando le hacíamos una pregunta, ella, inmediatamente, nos refería muchos datos (para confundirnos), al punto de tener que suspender la ministración para los próximos días, ya que todo el equipo necesitaba clarificar las ideas. El equipo de sanidad interior se encontraba de campaña y, cuando la ministrábamos, éramos cinco personas que teníamos distintas opiniones y divisiones en cuanto a cómo encarar el encuentro, qué espíritu reprender, y qué hacer, en general. El espíritu de confusión es terrible, ya que intenta dividir las opiniones de todo el equipo de ministración.

Por la Biblia sabemos que, en los últimos tiempos, un principado de confusión, de Babel espiritual, reinará sobre el planeta Tierra, y ocasionará lo que ya vemos con nuestros ojos, que es el principio del fin.

Recientemente, nos contaba una persona que trabaja en el cementerio, la cantidad de trabajos que se encuentran allí en las tumbas, especialmente en cierto sector de la necrópolis, lleno de velas, trabajos con flores, animales muertos, etc.

Sin lugar a dudas, Satanás anda vivo y activo en el planeta Tierra, mucho más de lo que nosotros nos imaginamos. Es sorprendente la cantidad de creyentes que viven como si el diablo no existiera, o como si sólo atacase cuando la iglesia evangélica está de campaña.

4 › Por estar en contacto cercano con personas que practican el espiritismo o la umbanda:

Pueden entrar por herencia; hay personas que nunca frecuentaron umbanda o espiritismo y, sin embargo, desde su nacimiento sufren opresión demoníaca. A estos espíritus se los llama "espíritus familiares" porque estuvieron en familiares (como abuelos o padres) y continúan oprimiendo toda la descendencia, aún por varias generaciones (ver el próximo punto, al respecto).

5 › Por tener relaciones sexuales con personas involucradas en ocultismo:

Podríamos citar el caso de una mujer que estaba profundamente enamorada de un joven que no le correspondía, así que fue a un pai de umbanda a realizar un trabajo. El pai le pidió que, a modo de rito, tuviera relaciones sexuales con él. Ella aceptó esto pues pensaba que, así, iba a conseguir al joven. Sin embargo, lo que no consideró fue que el espíritu inmundo, además de darle al muchacho, también la acompañaría toda su vida, y terminó por destruir su pareja. Ningún demonio, por más "bueno" que parezca, tiene "algo" de bueno; ellos han venido para engañar, traicionar y mentir.

No existe *"orixá"*, *"caboclo"*, *"exú"* ni demonio alguno que pueda resistirse a la orden dada en el nombre de Jesús. Todo espíritu inmundo se sujeta a la orden en el nombre de Jesús, ya que Él quitó todo poder y dominio a todo principado y potestad. ¡Gloria sea a su Nombre!

Debemos aclarar que toda relación sexual con personas involucradas en magia negra u ocultismo produce una ligadura activa, una ligadura de alma y una ligadura espiritual que es muy importante romper (además del "trabajo" y del pacto satánico que se hayan hecho).

Nunca vamos a cansarnos de enfatizar la importancia que Dios da a vivir en el Espíritu, a vivir llenos de Dios, controlados –en todas las áreas– por el Espíritu Santo de Dios, a morir a la carne, a abandonar todo pecado y vivir en la santidad de Dios. Solamente si estamos llenos del Espíritu Santo y andamos en el Espíritu, tenemos la seguridad de que el enemigo no podrá hacernos daño. Estamos puestos en este mundo para desenmascarar al diablo y todas las formas inmundas (llámense candomblé, umbanda, quimbanda, curanderismo, becerra de meneces, esoterismo, espiritismo, etc.) que él tiene para perturbar y matar a la gente.

Preguntas para ministrar en el ocultismo

Es posible que haya personas que no tengan nada que contar acerca de esta puerta; de todos modos, existen ciertas preguntas que no deben dejar de hacerse.

- ¿Fuiste alguna vez a la curandera, a ver una bruja o un parapsicólogo?

- ¿Practicaste umbanda, quimbanda, candomblé, magia negra o blanca?
- ¿Realizaste o te realizaron un trabajo?
- ¿Alguna vez te dieron algún objeto o velas, o te recomendaron baños, etc.?
- ¿Has ido alguna vez a escuelas de espiritistas?
- ¿Guardas amuletos, cintas rojas, talismanes, collares, etc.?
- ¿Has tenido pesadillas que se repiten: muerte, cementerio, que alguien te persigue?
- ¿Jugaste al juego de la copa, a la tabla ouija?
- ¿Te hiciste leer las manos o predecir el futuro?
- ¿Eres supersticioso, lees el horóscopo?

Es evidente que sólo vamos a inquirir en aquellos temas y cuestiones que generen respuestas, pues es necesario ser precisos y detallistas en relación a todo contacto que la persona pudo haber tenido con el ocultismo.

Entonces surgen preguntas tales como:

- ¿Recuerdas el nombre de la curandera?
- ¿Recuerdas qué hizo contigo, o qué hizo en tu casa?
- ¿Te dio de beber algún líquido o té de yuyos?
- ¿Te dijo algo sobre el futuro que luego se cumplió?

Cabe aclarar que siempre que ministramos a una persona en sanidad interior, debe conocerse si esta ha llegado a un compromiso real con Jesucristo, porque de lo contrario, la ministración puede resultar contraproducente. Cuando hubo un fuerte compromiso con el ocultismo suele haber muchas ataduras demoníacas que serán muy difíciles de cortar si la persona no está en Cristo.

6

Cerrando la
puerta de la herencia

› ¿Puede una persona desentenderse de las actitudes y prácticas de sus antecesores?
› ¿Qué debería hacerse en relación con los pecados generacionales y con su herencia espiritual?
› ¿Qué tres ordenes se incluyen en el concepto de herencia?
› ¿Cómo se transmiten los espíritus generacionales?
› ¿Qué dos tipos de maldiciones conocemos?

Definición de herencia:

El diccionario define "herencia" como la transmisión de determinados caracteres o propiedades de padres a hijos y, en general, de antecesores a descendientes. En la herencia intervienen aspectos biológicos, psicológicos y espirituales.

BIOLÓGICO	• Características morfológicas.
	• Temperamento, tono afectivo.
PSICOLÓGICO	• Se da por aprendizaje (aprendemos y recibimos de nuestros padres conductas, formas de pensar, de reaccionar, etc.).
ESPIRITUAL	• También viene por aprendizaje, pero supera al mismo, ya que abarca más que lo psicológico.

La Biblia enfatiza la idea del ser humano como una unidad en cuerpo, alma (psiquis), y Espíritu. Por lo tanto, así como sostenemos que hay aspectos –en el nivel fisiológico y psicológico– que se heredan, también los hay en el nivel espiritual.

Ejemplos de lo espiritual: hemos visto literalmente, copiar en hijos y en nietos conductas y actitudes de sus padres y abuelos. Creyentes rebeldes, críticos hacia la figura pastoral, con falta de sujeción a la autoridad, etc.

Éxodo 34:6-7:

"... Jehová (...) visita la iniquidad de los padres sobre los hijos, y sobre los hijos de los hijos, hasta la tercera y cuarta generación".

Jesús mismo llamó a los fariseos como "generación de víboras", e hizo así referencia a su pecado generacional.

Hay familias que han destruido pastores, ministerio e iglesias. Familias que, por generaciones, han tenido ansias de poder.

Conceptos erróneos, pecados generacionales, transmisión de espíritus familiares

› Imágenes falsas de Dios: Dios sádico, castigador, "policía", desinteresado, "lámpara de Aladino", etc.
› Estructuras transmitidas: Formas de expresión, pautas cúlticas, idolatría del templo ("fue construido por mi abuelo").
› Cierto fanatismo denominacional, ("nosotros los bautistas", "tenemos la sana doctrina", etc.).

Los pecados de nuestros antepasados pueden haber dado lugar a que ciertos espíritus inmundos, se asienten y hagan morada en la familia, y en dicha área –del pecado– en forma generacional.

Como ministros, debemos aprender a realizar una lectura espiritual de la familia de quien estamos ministrando.

Ejemplos:

Abuelo golpeador, padre golpeador, hijo golpeador.
ESPÍRITU DE VIOLENCIA

Abuelo suicida, padre suicida, hijo suicida.
ESPÍRITU DE MUERTE

El objetivo es identificar los pecados generacionales y, así, descubrir los espíritus familiares que han trabajado, y destronarlos.

Pactos o prácticas ocultistas heredadas

Prácticas de ocultistas de sus antepasados. Promesas o pactos hechos al momento de nacimiento: objetos, prendas, dinero, oraciones, etc.

Objetos ocultistas heredados: la medalla del abuelo, el crucifijo de la madre, etc.

"Dones" ocultistas heredados: Ejemplo: "Mi abuela era adivina, mi mamá también, y yo creo que lo soy".

Maldiciones familiares

En su uso general, una maldición es una imprecación o un deseo que se expresa para mal. Si se dirige contra Dios es, directamente, una blasfemia (Job 1:5,11; 2:5,9). Puede ser un deseo expresado delante de Dios contra otra persona o cosa.

En el Antiguo Testamento se consideraba que una maldición tenía un poder innato para desarrollar su propio efecto. Las maldiciones, entre los paganos, se suponía que tenían el poder de autorrealización (Números 22-24).

En la Escritura, una maldición –invariablemente– está relacionada con el pecado (Génesis 3), y la desobediencia (Proverbios 26:2).

Su uso regular, en la Palabra, contrasta con el de "bendición". Antes de que el pueblo de Israel entrara en la tierra prometida, se les dio la oportunidad de obedecer (y tener las bendiciones de Dios) o desobedecer (y recibir la maldición consiguiente).

Una maldición siempre pone en juego fuerzas profundas que rebasan al hombre. La palabra pronunciada parece desplegar, automáticamente, el temible poder del mal y del pecado. Para maldecir a alguien, es preciso tener cierto derecho sobre su ser (el de la autoridad legal o paterna).

Ahora bien, desde los orígenes mismos del mundo está presente la maldición (Génesis 3). La maldición es como el eco invertido de la palabra divina presente en la creación.

El propósito de Dios es el de bendecir al hombre, mientras que el tentador que se enfrenta con Dios, arrastra al hombre con su pecado, y lo arrastra también con su maldición.

Si bien el diablo fue maldecido por Dios para siempre (Génesis 3:14), el hombre recibe esas consecuencias. Entonces, en lugar de la presencia divina, se produce el exilio, lejos de Dios (Génesis.3:23). En lugar de vida, sobreviene la muerte (Génesis.3:19). La fecundidad resulta en dolor, y el trabajo de la tierra se vuelve algo ingrato y penoso.

Hay dos tipos de maldiciones:

1 › **La maldición ocultista.**

Esta tiene lugar cuando quien profesa la maldición está relacionado/a con lo oculto. Una adivina, un umbandista, un espiritista. (el "trabajo" y el "daño" son también, maldiciones).

La maldición no se rompe con un "conjuro" (otra maldición), sino con el poder de Cristo a través de la oración.

Las maldiciones pueden ser sobre uno mismo, un hijo, los padres, la familia, el ministerio, la iglesia, o la ciudad.

2 › Las maldiciones emocionales.

Proverbios 12:18 dice: *"Hay hombres cuyas palabras son como golpe de espada, más la lengua de los sabios es medicina".*

La maldición es un intenso deseo negativo; es desearle un perjuicio al otro. Es interesante que "maldición" significa, también, "hacer pequeño", "insultar".

Por ejemplo: las frases descalificadoras, las palabras de derrota, las malas palabras: SON MALDICIONES.

Cómo ministramos sanidad interior:

• La persona debe identificarse con los pecados de sus antepasados.

Nehemías 1:6
"... esté ahora atento tu oído y abiertos tus ojos para oír la oración de tu siervo, que hago ahora delante de ti, día y noche, por los hijos de Israel tus siervos".

Esdras 9:6
"... nuestras iniquidades se han multiplicado sobre nuestra cabeza, y nuestros delitos han crecido hasta el cielo".

Los dos profetas se identifican con los pecados de la propia nación. Otros ejemplos los encontramos en Jeremías 16:10-3, Esdras 9:7 y Deuteronomio 9:20.

• Debe renunciar al pecado de su familia y –si lo cometió– al suyo propio.

Basta que un familiar abra una puerta para que el espíritu quede en esa persona y, al fallecer esta, busque un descendiente directo para quedarse en ese hogar y en esa familia (sea demonizando u oprimiendo a los descendientes). Se trata de espíritus designados directamente por Satanás con la finalidad de destruir no solamente a una persona, sino, también, a toda su descendencia.

También preguntamos por objetos de corte ocultista que se han heredado:

› Estampitas
› Cristales
› Pirámides
› Talismanes o amuletos
› Tambores, campanas (comprados en santerías)
› Cáliz (con finalidad de magia)
› Crucifijos
› Lechuzas
› Ekekos
› Imágenes
› Cuadros religiosos
› Velas
› Sahumerios
› Libros de ocultismo
› Anillos extraños

› Ajos (como adornos contra el mal)
› Cintas rojas
› Rosarios
› Objetos o dibujos con inscripciones extrañas
› Objetos dados por› Brujas ocultistas o sectas
› Música rock pesada/metal
› Posters extraños
› Ídolos (chinos, indígenas, latinos, etc.)
› Objetos de la nueva era: (tarjetas de saludo, música, estatuas, libros, elementos para ingerir como medicinas naturales, etc.)
› Otros

Hemos enseñado a las personas a quemar todos los libros, las estampitas, escritos, vestimentas, fotografías, imágenes, objetos, que tengan que ver con estos cultos al diablo y, con gran satisfacción, hemos quemado bolsas y bolsas llenas de objetos que no daban gloria a Dios. Hemos animado a las personas que tenían algún "don" o facultad paranormal a renunciar a la misma, en el nombre de Jesús, y hemos visto con entusiasmo cómo Dios cortaba toda habilidad dada por espíritus inmundos cuando estos demonizaban a la persona. Si no podemos tener estos datos de generaciones anteriores, pedimos a Dios discernimiento; solamente el Espíritu Santo de Dios debe dar discernimiento o palabra de profecía.

Preguntas para ministrar en la herencia:

Aquí debe contemplarse aquellos aspectos hereditarios que puedan tener incidencia a nivel espiritual y emocional en la vida de la persona.

1 › Preguntar si conoció a sus abuelos, tíos u otros parientes cercanos, y qué tipo de relación tuvo con ellos.

2 › Realizar preguntas específicas como:

- ¿A quién te pareces físicamente?
- ¿Cuál es tu herencia en el orden psicológico?
- ¿A quién te pareces emocionalmente?
- ¿Observas alguna/s constante/s en tu familia: enfermedades hereditarias, actitudes violentas, vicios, suicidios?
- ¿Hay en tu familia algún antecedente generacional que pueda señalar cierta herencia espiritual?

- ¿Alguno de tus abuelos o tus padres practicaron ritos, asistieron a sectas, fueron devotos de algún santo o dedicados a ellos?

- ¿Qué tipo de religión practicaban sus padres, abuelos y demás parientes cercanos?

- Si, en alguna medida, le transmitieron parte de la misma.

- Si guarda algún objeto que le hayan regalado: amuletos, crucifijos, etc.

- Si aún practica alguna tradición o costumbre propia de su familia.

- Si ellos le trasmitieron cierta idolatría y/o forma de conducirse en la iglesia.

- ¿Fuiste ofrecido a alguna deidad al nacer?

- ¿Qué herencia negativa cree que deja en sus hijos?

3 › En caso de haber una fuerte herencia ocultista, es necesario conocer qué incidencia tiene o tuvo ese familiar en la vida del ministrado, ya que existe la posibilidad de que hubiera transferencia demoníaca a través de la herencia.

Una vez comprobado, realizamos preguntas específicas de acuerdo al caso. Ver "5. La puerta del ocultismo").

Cerrando la
puerta del pecado

› ¿Qué consecuencias trae el pecado en la vida del creyente?
› ¿Qué implica una atadura espiritual en la vida del creyente?
› ¿Puede un cristiano desatar una atadura espiritual en la vida de otro? ¿Por qué?
› ¿Por qué un hijo de Dios debe confesar todo pecado oculto en su vida?
› ¿Cuáles son las más frecuentes actitudes frente al pecado?
› ¿Por qué razón el hecho de **no** poder recibir el perdón de Dios ofende su santidad y nos hace pecar?

....

Lo que hace el pecado

El pecado no es un simple conflicto, o un acto que depende de la cultura. No es algo que podamos minimizar, ya que Cristo tuvo que morir por él. Jesús vertió su sangre para limpiarnos del pecado. El pecado es cualquier transgresión al carácter santo de Dios. Resulta lo opuesto a la santidad de Dios. El pecado constituye el carácter del enemigo.

Dios permitió el pecado para que el hombre pueda elegir pecar o no. La esencia del pecado es la independencia. Con cada pecado le decimos a Dios: "Señor, yo me manejo como quiero; yo soy libre e independiente". Eso fue lo que le dijeron Adán y Eva: "Nosotros queremos ser más, queremos vivir según nuestra voluntad, no queremos sujetarnos a nadie".

Venir a Cristo es deponer nuestra voluntad, nuestras emociones, y decidir vivir como Él quiere, según su carácter. Es como dice Pablo: RENUNCIAR al carácter oculto del pecado.

Algunas ideas que podemos mostrar a quienes están en pecado son:

1 › El pecado destruye la vida espiritual:

Nos colocamos como mentirosos delante de Dios (1 Juan 1:6). Andar en tinieblas es vivir en pecado. Podemos engañarnos a nosotros mismos, a nuestros familiares, a nuestra iglesia, pero no a Dios. Él mira lo profundo del corazón. El v. 10 habla de los que dicen una cosa y andan en otra. Si hay pecado oculto, en tu vida, que no confesaste, Dios te ve como un mentiroso.

2 › Perdemos la comunión con los hermanos:

Muchas personas viven de pelea en pelea. Algunos han tenido problemas en las iglesias, con los pastores; hay personas que no pueden llevarse bien con nadie. ¡Cuidado!, hay pecado.

Cuando hay pecado no hay comunión, empiezan los roces y las artimañas para tratar de ocultar el pecado.

3 › Perdemos la vivencia del amor de Dios:

Podemos sentirnos lejos del amor de Dios (que no valemos, que no servimos). Mucha gente dice: "No siento que Dios me ame, no siento que Dios esté interesado por mí". ¿Será que hay pecados sin confesar?

Cuando amamos al mundo, es decir, la forma de pensar de esta sociedad, los deseos de este mundo o el orgullo, entonces, perdemos la experiencia del amor de Dios. Si estás con un pie en el otro lado, no te asombres si no hay vivencia del amor de Dios. Está la promesa de que quien ama a Dios permanece en Él.

4 › Se produce una atadura espiritual:

Dice 1 Juan 3:8-10:

"El que practica el pecado es del diablo; porque el diablo peca desde el principio. Para esto apareció el Hijo de Dios, para deshacer las obras del diablo. Todo aquel que es nacido de Dios, no practica el pecado, porque la simiente de Dios permanece en él; y no puede pecar, porque es nacido de Dios. En esto se manifiestan los hijos de Dios, y los hijos del diablo: todo aquel que no hace justicia, y que no ama a su hermano, no es de Dios".

Cada vez que damos lugar al pecado y lo dejamos que germine en nuestra vida, va tomando posesión de nuestra vida. Cada pecado pide más pecado. Como en una guerra, cuando el enemigo toma posesión de un lugar que antes ocupaba el Señor, luego va a tramar una estrategia para tomar otro más.

Esta atadura espiritual te pone en el dominio espiritual de pecado. El pecado, entonces, corta el fruto espiritual, la vida de oración, el gozo cristiano y, lentamente, todo se va perdiendo. Si pecamos y ese pecado queda, ya se produce una atadura. Un resentimiento de hace años puede ser una atadura; una bronca, una falta de perdón –aún de tu infancia– pueden ser una atadura.

Heródoto cuenta que el rey de Persia, Darío, se torció el tobillo, le dolía, y nadie logró calmarlo. Apareció Demócedes, fue llevado en cadenas y lo curó. En recompensa, Darío le regaló grilletes de oro... Así es el pecado, nos lleva a la esclavitud, a veces son cadenas de acero, otras de hierro, otras de oro, pero esclavitud al fin. La diferencia está en el precio de la cadena.

Lista de pecados

Cuán fácil nos sería la tarea pastoral si en vez de andar preguntándonos si esto o aquello es pecado, fuésemos al Nuevo Testamento y leyésemos las listas CLARAS de lo que es pecado. Creo que, muchas veces, el perder de vista la claridad con la que el apóstol nos nombra ciertos pecados nos puede llevar a comenzar a preguntarnos cosas secundarias. A lo largo del aconsejamiento pastoral, vendrán personas con dolencias que son resultado de pecados. Como consejeros, no andamos buscando "pecados por todos lados", sino que, si la persona se encuentra en este estado, esto se evidenciará de una manera clara y concreta, ya que el pecado es eso, precisamente: algo claro y concreto.

Miremos algunas de las listas del Nuevo Testamento y analicemos, brevemente, dichos pecados. Dice 1 Corintios 6:9-11:

"¿No sabéis que los injustos no heredarán el reino de Dios? No erréis; ni los fornicarios, ni los idólatras, ni los adúlteros, ni los afeminados, ni los que se echan con varones, ni los ladrones, ni los avaros, ni los borrachos, ni los maldicientes, ni los estafadores, heredarán el reino de Dios. Y esto erais algunos; mas ya habéis sido lavados, ya habéis sido santificados, ya habéis sido justificados en el nombre del Señor Jesús, y por el Espíritu de nuestro Dios".

• **Fornicarios:** La palabra *"pornia"* se refiere a la inmoralidad sexual. Dios es dueño de la sexualidad; Él quiere que la vivamos honrándolo. El Espíritu Santo no nos llena "desde la cabeza hasta la cintura"; debe morar en toda la vida, en toda la persona.

Las relaciones prematrimoniales no están aceptadas por Dios. Son pecados a los ojos de Dios, cualquiera sea la situación. El apóstol Pablo le dice a Timoteo que "huya" de la fornicación.

El 90% de las parejas cristianas tienen relaciones prematrimoniales. Nos consta, por muchos factores. Al recorrer el país hablamos de sexualidad muchas parejas y nos confesaban que mantenían relaciones sexuales prematrimoniales. Años atrás, esto comenzaba más o menos a los ocho meses, o al año de conocerse; hoy, casi al mes ya tienen relaciones (esto en términos generales). Algunas parejas no tienen penetración pero sí juegos altamente eróticos.

Cuando vemos a parejas de novios es importante preguntarles si no tienen nada que confesar; si dicen que no, hay que preguntarles, directamente, si tienen relaciones sexuales.

Recordamos, en una de las campañas donde tocamos el tema de sanidad interior, a una pareja que se acercó en el momento del llamado, para que orásemos juntos. El motivo era que "no podemos hablar como antes". Al hacerles algunas preguntas básicas sobre su relación afectiva, les pregunté si tenían relaciones prematrimoniales. Inmediatamente comenzaron a llorar intensamente sin poder hablar y ese fue el momento para confesarlo al Señor y renunciar a ese hábito.

• **Adulterio o infidelidad:** Esta es una de las crisis más devastadoras que la pareja puede enfrentar. Kinsey, en 1950, decía que el 50% de los hombres casados fueron infieles en algún momento. Simón, en 1972, afirmaba que el 10% de las mujeres y el 30% de los hombres eran infieles.

Hay dos tipos de infidelidades:

1 › La ocasional: se da por desgaste de la pareja, por no tener sexo, por frialdad. Se busca afuera el cariño que no se encuentra adentro. Muchas mujeres compartieron que lo único que querían era sentirse abrazadas y queridas.

Muchos hombres decían que su mujer era una heladera. Por esto, Pablo dice que el hombre no tiene derecho sobre su cuerpo y la mujer tampoco. Es como si dijese que el pene es de los dos, la vagina es de los dos, los pechos son de los dos; en un matrimonio cristiano ¡no existe la "propiedad privada"!, ambos se pertenecen mutuamente, en amor y en respeto.

2 › La infidelidad frecuente o estructural: ocurre por problemas de ataduras espirituales que han crecido en el corazón. Se da en las personas machistas, "donjuanes"

que ven al otro como un trofeo. A pesar de tener problemas de salud mental, en cualquier caso, esto no quita que sea pecado ya que es una libre decisión, la cual debe confesarse y abandonarse, y buscar la llenura del Espíritu Santo.

• **Idolatría:** En Corinto estaba el templo de Afrodita, la diosa del amor. La idolatría es adorar algo que no es Dios; es darle a algo el tiempo que merece Dios.

El estudio puede ser un ídolo si se vive sólo para estudiar. El dinero puede ser un ídolo, el trabajo, la familia, el ocio, el placer, etc. Si yo vivo para trabajar o para el dinero, entonces estoy en idolatría. Dice Éxodo 20:3:

"No tendrás dioses ajenos delante de mí".

"Dioses" no es solamente algo religioso, sino cualquier cosa. Si una persona vive solo para tener un novio y casarse como hacen muchas mujeres mayores, o si se tiene una esposa de la cual depende toda la existencia, entonces, hay una atadura espiritual, porque *"El que ama a padre o madre más que a mí, no es digno de mí; el que ama a hijo o hija más que a mí, no es digno de mí"* (Mateo 10:37).

• **Afeminados:** La palabra en el griego se refiere a los prostitutos homosexuales pasivos; mientras que "los que se echan con varones" son los homosexuales activos. No atacamos a la gente, denunciamos al pecado. Del 5 al 10% de la población de los EE.UU. es homosexual.

Hombres como Alejandro Magno, Platón, Da Vinci, Oscar Wilde eran homosexuales. Catorce de los primeros quince emperadores romanos eran homosexuales. Nerón castró a Espiro y lo penetró por la hendidura. Así podríamos seguir pero ya hemos desarrollado estos pecados en otro escrito (ver nuestro libro, *Perversiones sexuales,* Clíe, 1996).

• **Ladrones, avaros:** implica robar cuando no pagamos lo que debemos, o cuando tomamos lo ajeno.

• **Maldicientes:** remite al hablar mal: chismes, críticas, descalificaciones.

• **Borrachos:** La palabra es *"mezos"*: se refiere a "beber sin control". La Palabra no está en contra del alcohol, sino en perder el control. Pablo dice que lo que no da control a la vida es pecado delante de Dios.

Del 10 al 15% de los que bebían en forma normal se transformaron en compulsivos. El que toma alcohol busca anestesiar su dolor. Busca nuevas sensaciones para tapar su vacío y, así, lograr la euforia. Desde el punto de vista clínico tenemos:

1 › Los bebedores normales que, ocasionalmente, toman algo.
2 › Los que toman cuando se sienten mal (por ejemplo: "necesito un trago").
3 › Los que toman por problemas frecuentes.
4 › Bebedores compulsivos.

En algunas iglesias los ex alcohólicos que asistían cayeron nuevamente en el alcoholismo por probar el vino de la cena del Señor.

Pablo da tres principios:

1 Corintios 6:12:

"Todo me es lícito pero no todo conviene. Todo me es lícito pero no me dejaré dominar por nada".

1 Corintios 10:23:

"Todo me es lícito, pero no todo edifica".

Otra lista de pecados se encuentra en Romanos 1:18-2:6. El tema que el apóstol desarrolla en este capítulo es el del estado en el cual Dios encuentra a todo hombre. Junto con este tema, elabora el concepto de la ira de Dios.

En Romanos 1:18, Pablo dice que la ira está manifestándose en el tiempo presente y algunos comentaristas la ven como la total resistencia de Dios al pecado.

En el Nuevo Testamento, Pablo habla de la ira de Dios en tres ocasiones: en Romanos 1:18, Efesios 5:6 y Colosenses 3:6, y señala cómo la misma cae sobre los hijos de desobediencia.

Dice W. Barclay:

"El quebranto de la ley de Dios trae dolor y sufrimiento al hombre, la ira de Dios es el castigo inevitable del pecado".

Estos hombres, a quienes la ira de Dios se dirige, son caracterizados por detener la verdad (v. 18), ya que Dios se ha dado a conocer. Es en la revelación natural que Dios ha mostrado su grandeza, no existen excusas delante de Dios (vv. 19-20).

Así el pecador, en lugar de mirar a Dios, se mira a sí mismo, y sigue sus razonamientos en lugar de los de Dios. Pablo señala que estas personas no tienen la capacidad y el deseo de glorificar ni darle gracias al Creador. Como veremos más adelante, es interesante notar que no sólo son incapaces de dar gracias a Dios sino, también, a otras personas (v. 21).

El alejamiento de Dios comienza siempre con algún razonamiento (vv. 22-23); de allí que la mente se constituye en el blanco del enemigo. Pero un predicador que elude decir la verdad acerca del pecado en el hombre, es un arma terrible en manos del diablo.

Dice el texto que Dios *"los entregó"* (vv. 24,26,28). Dejó que el hombre escoja, en su libre albedrío, su camino; no le impidió al hombre que hiciese su deseo. Dios los sigue amando pero les deja elegir (Hechos 7:45). Entregarlos, es la pena que Dios siente al dejarlos hacer su camino (luego de señalarles sus consecuencias); actúa en la misma forma que el padre del hijo pródigo.

Dice la Biblia que Dios los entregó a la inmundicia (vv. 2-4). Esta palabra se encuentra en íntima relación con la inmoralidad sexual (Gálatas 5:19, Colosenses 3:5); significa "deseo" y alude a la búsqueda de la satisfacción sexual perversa e inmoral.

En la época que Pablo escribe, el libertinaje era cuestión de todos los días, era una época de lujo y perversiones sin paralelo. El apóstol es claro, cuando –en el v. 27– se refiere al lesbianismo y a la homosexualidad masculina.

A continuación, Pablo pasa a enumerar las características del hombre sin Dios. Cuando el hombre deja de mirar a Dios se convierte en un animal, cargado de:

• **Injusticia:** lo opuesto a justicia; denota al que roba los derechos de los demás.

• **Perversidad:** es más que maldad, es el deseo de hacer daño. Este título se usa con respecto a Satanás (Efesios 6:12,16).

• **Avaricia:** palabra compuesta sobre la base de otras dos que significan tener más; es el amor a las posesiones. La codicia es el deseo de tener y la avaricia el deseo de retener.

• **Maldad:** describe al hombre desprovisto de la capacidad para hacer lo bueno, a la mala intención.

• **Envidia:** esta busca siempre robar lo envidiado y destruir a aquel que posee algo.

• **Homicidios:** es interesante su similitud con la palabra "envidia".

• **Contiendas:** "batiéndose en peleas".

• **Engaño:** falsificación de metales preciosos; "cebo para pescar", engañar es atrapar con cebo.

• **Inclinación al mal:** es la malignidad.

• **Murmuradores y detractores:** acusaciones y cuentos; el primero que dice malicias al oído.

• **Aborrecedores de Dios:** los hombres que odian a Dios.

• **Injuriosos:** sádicos, los que sienten placer al dañar e insultar al otro.

• **Soberbios:** orgullosos.

• **Altivos:** fanfarrones, presuntuosos.

• **Inventores de males:** buscan alguna maldad nueva, siempre.

• **Desobedientes a los padres:** sin sujeción.

• **Necios:** son los hombres que no usan la mente, los tontos.

• **Desleales:** los que no cumplen con su palabra.

• **Sin afecto natural:** sin amor familiar.

• **Implacables:** sin misericordia, sin capacidad para

la tregua. Son felices cuando otros actúan de la misma manera que ellos.

Según el v. 32:

› Son conscientes de que sus actos los llevan a la muerte.

› Igualmente persisten en sus prácticas.

› Buscan que otros se conduzcan de la misma forma. La palabra "aprueban" es: "están consintiendo", "aplauden a los que lo hacen".

En la descripción que Pablo nos da, encontramos que el hombre sin Cristo posee alteraciones:

1 › En relación con su sexualidad:
• Puro impulso genital desprovisto de sexualidad. "Impureza" (v. 24) "pasiones vergonzosas" (v. 26).
• Homosexualidad masculina y femenina: "hombres con hombres" (v. 27).

2 › En relación con su espiritualidad:
• Rechazo a lo espiritual: "No glorificaron a Dios" (v. 21).
• Idólatras: "Cambiaron (...) por una imagen" (v. 23).
• Falsificadores espirituales: "Cambiaron la verdad de Dios" (v. 25).
• Odio hacia Dios (v. 30).

3 › En relación con su autoconcepto:
• Llenos de gloria y honores: "Altivos" (v. 30).
• Orgullosos: "Soberbios" (v. 30).

4 › En relación con su comunicación:
- Falsos en sus palabras: "Engaño" (v. 29).
- Chismosos y buscadores de peleas: "Murmuradores y detractores" (v. 30).
- Agresivos e irrespetuosos: "Injuriosos" (v. 30).
- Falsos en sus promesas: "Desleales" (v. 30).

5 › En relación con la autoridad:
- Desobedientes a los padres (v. 30).
- Desobedientes a Dios (v. 30).
- Incapaces de tener y desear una familia: "Sin afecto natural" (v. 30).

6 › En relación con su impulsividad descontrolada:
- Sin capacidad de hacer lo bueno: "Maldad" (v. 29).
- Asesinatos: "Homicidios" (v. 29).
- Búsqueda de dañar al otro: "Inclinación al mal" (v. 30).
- Sin capacidad de tregua y perdón: "Implacables" (v. 31).

7 › En relación con su trato interpersonal:
- Avasallamiento de los derechos de los demás: "Injusticia" (v. 29).
- Deseo de dañar: "Perversidad" (v. 29).
- Egoísmo con sus pertenencias: "Avaros" (v. 29).
- Peleadores: "Contiendas" (v. 30).
- Búsqueda de nuevos males: "Inventores de males" (v. 31).

Actitudes frente al pecado

Hay algunas actitudes que podemos observar, en el aconsejamiento pastoral, en relación con el pecado:

a) Ocultamiento: Mirar el pecado ajeno puede ser índice de ocultar problemas familiares ¡Cuántas personas juzgan a los demás y hay pecado oculto en sus vidas durante años! ¡Cuántas personas se preocupan por el funcionamiento de la iglesia mientras se permiten irregularidades en sus vidas!

b) Transacciones: Podemos juzgar el pecado sexual, pero coimear por detrás; podemos criticar a los que roban, pero tener relaciones prematrimoniales ocultas; podemos juzgar a los que piensan distinto, pero tener problemas de pareja. Las transacciones pecaminosas son las cosas que aborrecemos en tanto olvidamos las otras que sí hacemos. Las acusaciones, muchas veces, son autoconfesiones.

c) Negar el perdón de Dios: Muchas personas, luego de confesar sus pecados, sienten que Dios no les ha perdonado. Los errores del pasado vienen, una y otra vez, a sus mentes.

Por otro lado, en algunas personas a las que hemos aconsejado vimos un gran deseo de ser como Cristo, de actuar y sentir como Él; sin embargo, este deseo es tan intenso que es paralizante; cada error que cometen, cada paso que dan, sienten que todavía no sirven y, en vez de sentirse contentos porque "van en camino de gloria", se sienten que falta tanto que casi no tiene sentido seguir. Un pasaje que alumbra sobre esto es Filipenses 3:12-14:

"No que lo haya alcanzado ya, ni que ya sea perfecto; sino que prosigo, por ver si logro asir aquello para lo cual fui también asido por Cristo Jesús. Hermanos, yo mismo no pretendo haberlo ya alcanzado; pero una cosa hago: olvidando ciertamente lo que queda atrás, y extendiéndome a lo que está delante, prosigo a la meta, al premio del supremo llamamiento de Dios en Cristo Jesús".

Allí el apóstol nos da tres ideas útiles para el aconsejamiento pastoral:

1 • Dejar el pasado.
2 • Mirar el presente.
3 • Conquistar el futuro.

Una idea importante para mostrarles a este tipo de personas es que el plan de Dios no es perfección, sino progreso. Dice dos veces: "no lo he alcanzado", "ni que sea perfecto".

Ser como Cristo. Todavía nos falta mucho para ser como Él. Pablo no se exige obsesivamente ni se paraliza por tratar de ser perfecto. La vida es un "ir creciendo". Aquel que empezó la buena obra la irá completando. Es bueno mostrar al aconsejado que a TODOS nos falta, que estamos en proceso, que queremos crecer, aunque nos falta mucho.

Para esto Pablo nos dice "olvida el pasado". En el v. 13 la palabra "olvidar" significa: "olvidar completamente". Era un término atlético que se usaba para referirse al atleta que pasaba a otro y lo dejaba atrás.

Nada del pasado puede cambiarse, ni el dolor, ni los errores que cometimos. En el pasado hay dos cosas: grandes logros y frustraciones.

Preguntas para ministrar en el tema del pecado:

Esta es un área aparentemente bien conocida por todos los cristianos; sin embargo, muchos de los pecados que aquí se mencionan persisten en sus vidas.

Se debe pues, realizar preguntas tales como:

- ¿Hay orgullo en tu vida?
- ¿Odias a alguien?
- ¿Eres envidioso o celoso?
- ¿Eres egoísta?
- ¿Le has deseado la muerte a alguien?
- ¿Has intentado suicidarte?
- ¿Te has practicado algún aborto?
- ¿Violaste o abusaste de alguien?
- ¿Tuviste relaciones homosexuales, o con animales o incestuosas?
- ¿Tuviste relaciones sexuales antes del matrimonio?
- ¿Tuviste relaciones sexuales con prostitutas?
- ¿Consumiste o consumes pornografía?
- ¿Alguna vez robaste?
- ¿Tienes que perdonar a alguien?
- ¿Crees que eres manipulador? ¿Eres intolerante o violento?
- ¿Te sumas a la crítica con facilidad? ¿Juzgas a los demás?
- ¿Sientes que eres egoísta? ¿Eres caprichoso?
- ¿Has tenido problemas con hermanos en la fe, pastores o iglesias?

La lista podría continuar, y la Palabra de Dios es el manual más claro que puede tenerse en cuanto a esta puerta.

Por último debe aclararse que toda pregunta que el ministrado responda puede relacionarse directamente con esta puerta; si, por ejemplo, comenta que fue abandonado por sus padres o abusado por un familiar cercano, etc., debe pedírsele que relate cuáles fueron los sentimientos que estuvieron presentes al ocurrir dicho episodio.

8

Cerrando la
puerta de las heridas

› ¿Cuál es el origen de los miedos, las angustias, las culpas y la baja autoestima de los adultos?
› ¿Qué incidencia tienen los padres en la formación de la personalidad?
› ¿Cuáles son los tres componentes que caracterizan lo que en Sanidad Interior llamamos "herida" y, en Psicología, "trauma"?
› ¿Cómo nos defendemos de nuestros traumas?
› ¿Por qué decimos que el abuso nos afecta a todos?
› ¿Qué dos clases de rechazos conocemos?
› ¿Qué síntomas denotan sentimientos de inferioridad o culpa falsa?

....

Heridas que necesitan sanar

En este último capítulo en relación a las "puertas" nos referiremos a la necesidad de recibir sanidad interior en el área de nuestras emociones. Todos, en algún momento de nuestras vidas hemos sido objeto del desprecio, abuso o rechazo de los demás. Quizás en nuestra más tierna infancia nuestros padres no pudieron o no supieron amarnos como lo necesitábamos, o aún, con el correr de los años, nos hemos visto rodeados por la frustración, el engaño o la falta de comprensión.

Estos y otros hechos del pasado dejan marcas profundas en nuestro interior y si no las resolvemos condicionan nuestro presente, no nos permiten establecer relaciones sanas con otras personas, nos hacen desconfiados o amargados. Muchas veces nuestras heridas las arrastramos desde la infancia y guardamos en nuestro corazón sentimientos contradictorios que nunca nos animamos a confesar ni nos permitimos olvidar, en una suerte de autocompasión o autodesprecio.

Después de algunos años de experiencia en el campo de la tarea pastoral, tenemos que reconocer que muchas alteraciones emocionales y espirituales de una persona adulta se relacionan con vivencias traumáticas infantiles. Distintos tipos de miedos, angustias, sentimientos de culpa, baja autoestima, etc., tienen su origen en los primeros años de vida.

Sabemos que la relación entre madre e hijo es la primera y la fundamental en cuanto al cuidado necesario para un futuro desarrollo saludable. El niño incorpora los aspectos de su personalidad; si estos elementos son experiencias buenas por sobre las frustrantes, deviene entonces la fortaleza de carácter. De acuerdo a cómo sea la relación con los padres, provocará seguridad, comprensión, simpatía y tolerancia hacia nosotros mismos y hacia los demás; nos hará sentir seguros y menos solos; o, puede ocurrir todo lo contrario. En conclusión, los padres pueden constituirse tanto en agentes de salud como de enfermedad.

La personalidad

Abordamos el concepto y definición de personalidad para lograr una mejor comprensión de nuestras emociones y la relación que consciente e inconscientemente tenemos con ellas.

Cuando hablamos de "individuo" nos referimos a TODO el ser humano; a su totalidad orgánica, psicológica y espiritual. El ser humano aparece en el mundo como una unidad única e indivisible que se diferencia de los demás seres humanos.

Ahora bien, cuando hablamos o intentamos ver al ser humano en su "personalidad", también nos referimos a la totalidad del ser humano, pero acentuamos sus aspectos psicológicos y sociales estudiados a través de la conducta.

La personalidad puede ser definida desde múltiples lugares, como desde la biología, la filosofía, la psicología, etc. Desde todas estas disciplinas podemos enumerar tres aspectos básicos que integran el concepto general de la personalidad:

› **Totalidad:** es decir que personalidad abarca un grupo de elementos, un conglomerado de procesos.

› **Individualidad:** es decir que cada personalidad posee una originalidad que le es propia a pesar de sus similitudes con otros tipos de personalidades.

› **Continuidad:** implica que el tipo de estructura tiene una cierta permanencia a lo largo de las situaciones vitales y a lo largo de la vida.

Existen ciertos principios que rigen la personalidad de todo individuo:

Principio de integración: La personalidad no se manifiesta como la suma de sus partes, sino como una totalidad, es decir, hay que tener en cuenta los aspectos biológicos, psicológicos, sociales y espirituales que constituyen la realidad de un individuo.

Principio de individualidad: Cada personalidad es singular, propia de cada individuo lo que le permite diferenciarse de todos los demás.

Principio de historicidad: La personalidad, a pesar de ser propia y dinámica de cada individuo, es una estructura fija y estática.

Principio de interacción dialéctica hombre-mundo: Existe una relación dinámica que enriquece a la personalidad y que está en estrecha relación con el mundo.

Creemos que los principios que hemos analizado son fundamentales para una mejor comprensión de lo que involucra la personalidad. También es necesario aclarar los siguientes términos:

Constitución: Expresa la dimensión biológica del ser individual, caracterizada por los rasgos físicos, por lo que es netamente hereditario.

Temperamento: Expresa los aspectos afectivos-instintivos de la personalidad. Algunos autores consideran que el temperamento es de origen principalmente hereditario.

Carácter: Tiene que ver con las actitudes y modos típicos de actuar de un sujeto. Es como su nombre lo indica (carácter que significa "grabar") las experiencias que se fueron grabando a lo largo de la existencia humana. Es la forma en que el sujeto se vincula con el mundo exterior y consigo mismo, y sus conductas más frecuentes.

Definición de herida/trauma

¿Por qué utilizamos el término "herida" en sanidad interior? Para remitir al "trauma". Ahora bien, ¿qué es un "trauma"?

Es un acontecimiento de la vida de la persona que se caracteriza por tres componentes:

1 • Es un suceso que se produce con intensidad.
2 • Un suceso al cual no pudimos responder adecuadamente, (en el caso de un niño, obviamente, la imposibilidad es mayor).
3 • Un suceso que provoca un trastorno o efecto desequilibrante en nosotros.

Etimológicamente, la palabra griega "trauma" significa "herida", y es interesante tener presente que esta deriva del término "perforar". De alguna manera, cuando hablamos de trauma, hacemos referencia a un hecho que deja su marca, su sello, algo que fractura nuestro interior.

Ahora bien, frente a todo hecho traumático el individuo, intenta –aunque en definitiva fracase– encontrar una salida. En el campo de la psicología, a esto se lo llama "mecanismo de defensa".

Los mecanismos de defensa

Cuando hablamos del término "defensas", nos referimos a aquellos mecanismos o conductas que la persona inconscientemente utiliza para mantener un equilibrio de la personalidad. Todos los mecanismos que analizaremos aquí son utilizados por todos nosotros en diferentes etapas de nuestra vida.

Cuando hablamos de mecanismos de defensa estamos dentro del campo de la psicopatología. El uso constante de tales mecanismos producen un lento empobrecimiento de la vida emocional y espiritual de la persona. Dichas defensas es muy difícil que aparezcan en "estado puro", ya que suelen aflorar acompañadas de otras conductas defensivas. Enumeramos aquí las principales:

› **La represión:** La esencia de este mecanismo consiste en mantener alejados de lo consciente a aquellos elementos que producen angustia. La represión opera haciendo que un recuerdo, una imagen una idea que resulta amenazante para el individuo, no ingrese a la conciencia. El resultado visible de la represión es el olvido; ante el peligro de recordar y producirse la angustia, se prefiere olvidar.

› **El desplazamiento:** Lo reprimido, puede expresarse a través de un desplazamiento, de tal modo que otro objeto diferente actúa como sustituto menos angustiante que el primero. Este mecanismo es por excelencia el de las fobias. El temor inconsciente hacia la figura del padre, por ejemplo, puede ser desplazada hacia el temor fóbico a algún animal.

› **La regresión:** Este es el proceso inconsciente por el cual se reactivan y actualizan conductas que tienen que ver con actitudes infantiles. Muchas veces ante el hecho de no poder manejar ciertas situaciones, el individuo "regresa" a conductas primitivas. La magnitud e intensidad de la regresión marcan si la conducta está dentro de la patología o de la normalidad.

› **Formación reactiva:** Éste es un mecanismo defensivo por el cual se utilizan conductas exageradas y rígidas contrarias a lo reprimido. El exagerado que se interesa por la limpieza y pulcritud encubre tendencias reprimidas totalmente contrarias, es decir, referentes a la suciedad y al desorden. El individuo evita así el encontrarse con sus verdaderos sentimientos.

› **Aislamiento:** Aquí se separan los afectos ligados a los impulsos sexuales o agresivos. Así la persona puede comentar cierto episodio que le sucedió, relatándolo sin el contenido emocional correlativo. Acepta los hechos pero no los sentimientos unidos a tal experiencia.

› **Anulación:** Se trata de conductas que intentan suprimir el efecto que originaron conductas previas. Es una forma de "borrar con el codo lo que se escribió con la mano".

› **Proyección:** Este mecanismo consiste en atribuir a la realidad exterior, aquellos aspectos; cualidades que el sujeto posee pero que no admite verlas en sí mismo. Cuando una persona atribuye ira, culpa, etc., sentimientos que le pertenecen y se los atribuye a otro, logra una "calma" interna, ya que si los asumiría sentiría angustia.

› **Identificación proyectiva:** El sujeto vivencia como propias las conductas y características de otro. Los rasgos de otro individuo pasan a formar parte de la personalidad del sujeto. Pueden ser conductas buenas o malas. Esta identificación puede ser parcial o total, como por ejemplo la señora que llora cuando mira u oye una novela.

› **Vuelta contra sí mismo:** Cuando un deseo es vivido como peligroso, se cambia el punto de vista y dicho impulso se vuelve contra uno mismo. La agresión contra una de las figuras paternas, puede ser dirigida contra sí mismo, cuando apareciendo en el individuo el deseo de agredirse. De esta forma la culpa sentida se atenúa ya que se manifiesta contra uno mismo y no contra sus padres.

› **Negación:** Es el proceso por el cual el individuo niega ciertos aspectos de sí que le pertenecen.

› **Racionalización:** El individuo elabora una justificación aparentemente lógica para evitar tomar contacto con el impulso reprimido, que le permita autoexplicarse o aprobarse determinados actos.

› **Sublimación:** Este es considerado el único mecanismo de defensa exitoso. Consiste en la adaptación lógica y activa a las normas del ambiente. El impulso instintivo es desplazado hacia un valor social aceptado.

Situaciones específicas que dejan marcas profundas

a › El abuso

1 Timoteo 4:1:

"Pero el Espíritu dice claramente que en los postreros tiempos, algunos apostatarán de la fe, escuchando a espíritus engañadores y a doctrinas de demonios; por la hipocresía de mentirosos que, teniendo cauterizada la conciencia, prohibirán casarse...".

2 Timoteo 3:1-5:

"...en los postreros días vendrán tiempos peligrosos. Porque habrá hombres amadores de sí mismos, avaros, vanagloriosos, soberbios, blasfemos, desobedientes a los padres, ingratos, impíos, sin afecto natural, implacables, calumniadores, intemperantes, crueles, aborrecedores de lo bueno, traidores, impetuosos, infatuados, amadores de los deleites más que de Dios, que tendrán apariencia de piedad, pero negarán la eficacia de ella; a éstos evita".

2 Timoteo 4:3-4:

"Porque vendrá tiempo cuando no sufrirán la sana doctrina, sino que teniendo comezón de oír, se amontonarán maestros conforme a sus propias concupiscencia, y apartarán de la verdad el oído y se volverán a las fábulas".

Tito 1:10-11:

"Porque hay aún muchos contumaces, habladores de vanidades y engañadores (...) a los cuales es preciso tapar la boca; que trastornan casa enteras, enseñando por ganancia deshonesta lo que no conviene".

Se ha implementado una estrategia diabólica en los últimos tiempos para destruir la vida de las personas. Este espíritu de abuso o maltrato intenta operar desde que la persona es bien joven, para que cuando llegue a la edad adulta esté llena de sentimientos y emociones negativas. En los pasajes anteriores la Biblia nos advierte acerca del tipo de personas que el enemigo utiliza para implementar su malvado plan, que progresiva y sistemáticamente intentará destruir nuestras vidas.

La experiencia del abuso es una experiencia de dolor, difícil de procesar, tan profunda en el espíritu que mucha gente queda marcada en su interior por años sin poder superar ese dolor. Algunas personas que fueron abusadas o maltratadas siguen atadas al pasado que no terminó, a una herida vieja que sigue viva aún hoy, porque el diablo se ha encargado de soltar este espíritu que cada vez opera con más maldad.

Abuso físico:

Hay personas que fueron maltratadas directamente a través de golpes, cinturonazos, palazos, etc., que se han criado con la ley de la violencia, y que hoy andan armados porque buscan sacar esa ira, ese odio que llevan dentro. Son personas que no pueden dar ni recibir amor, porque la experiencia de abuso es tan fuerte que no puede vencerla. La mayoría repite sistemáticamente la violencia que recibieron en su hogar. Y aunque el tiempo haya pasado, no pasó en la mente; lo vivido hace treinta años, se siente como si se viviese hoy.

Violencia verbal:

Muchos han sido víctimas de palabras hirientes, golpes verbales, comparaciones hechas por sus padres, rótulo que se ponen y golpean nuestra vida: "él es el inteligente, tú el estúpido", "el trabajador y la vaga". Recuerdo un caso de un muchachito de ocho años que bailaba cuando fue a comprar algo que su padre le había pedido; al regresar el padre le dijo: "Maricón, no bailes así". En ese momento el niño sintió que algo se quebraba. Hoy es un joven cristiano que está luchando con la homosexualidad y, además, es bailarín.

Otros fueron abusados por los celos, "¿dónde estuviste?, ¿con quién hablaste?, ¿de qué hablaron?" Muchas veces el celoso vivió situaciones de infidelidad en su hogar, y esa atadura espiritual lo lleva a vivir desconfiadamente.

Maltrato emocional:

Se trata de padres, novios o esposos controladores, que no hacen más que dar órdenes: "Así no te vestís.., así te vestís.., no me gusta que hables.., no me gusta que hagas..., esa cloaca que tenés por boca mantenerla cerrada, porque cada vez que abres esa bocaza estúpida, dices estupideces...". Hay personas que han crecido con esas heridas en su interior y todavía no han sido sanadas.

Abuso emocional:

Se relaciona con las mentiras y el engaño con que otras personas nos lastiman emocionalmente. Confiábamos en nuestro compañero, amigo, pastor, esposo o esposa y nos traicionaron, su vida era una mentira y esa mentira nos ha herido.

Otra forma de abuso emocional es a través de las descalificaciones. Hay muchas maneras de descalificar; una risa burlona, una mirada irónica, son formas de decirle al otro que no sirve.

También hay personas que han sido abusadas por gente controladora que les hicieron creer que estaban a su disposición, que eran su esclavo; por ejemplo, durante muchos años la mujer en la iglesia debía acompañar al hombre en su ministerio, y no tenía opción.

El abuso emocional sucede cuando otro sistemáticamente baja nuestra autoestima, nos critica, desalienta y destruye nuestra identidad. Cuando somos abusados emocionalmente, no podemos volver a confiar por temor a que el abuso se repita.

Abuso espiritual:

El abuso espiritual es peor que el emocional y aún peor que el físico. Porque cuando ponemos nuestra confianza espiritual en un pastor, un siervo, un hermano, y ese hermano se aprovecha de nuestra confianza para lastimarnos, el dolor y desengaño que ese abuso provoca es tan grande que nos lleva a generalizar: "Todos los pastores son iguales..., todas las iglesias son iguales... Son todos uno ladrones...".

Hay mucha gente que fue lastimada en las iglesias, y que hoy van de acá para allá, sin poder encontrar un lugar definitivo donde congregarse y servir al Señor.

La Palabra relata los hechos acontecidos cuando Jesús celebró la Pascua son sus discípulos:

"Mientras comían, dijo Jesús: De cierto os digo que uno de vosotros, que come conmigo, me va a entregar. (...) el que moja con migo en el plato" (Marcos 14:18-20). Los discípulos no podían entender que Judas, quien había estado en el ministerio con ellos, que echaba fuera demonios y hacía milagros fuera el traidor. Pero Judas era un falso apóstol y ellos no se habían dado cuenta.

Cuando somos objeto de abuso espiritual, nos ponen una venda, un velo que no nos permite darnos cuenta de que somos víctimas de un abuso.

El abusador se presenta como un cordero, pero es un lobo rapaz que busca destruirte. Eligen a sus víctimas porque son personas que tienen algo envidiable que ellos necesitan robar o destruir, que les sirve para su provecho personal, no las ven no como a hijos del rey, sino como a objetos de utilidad.

Es esa gente que va a buscar a los ungidos para aprender lo que es la unción, que toman su confianza y su dinero y lo usan para sí mismos. Es esa gente que el diablo levanta y que cada vez más entran en las iglesias, son los falsos pastores, los falsos profetas, los falsos maestros.

Abuso sexual:

Las estadísticas señalan que una de cada cuatro niñas y uno de cada siete varones, será abusado sexualmente antes de cumplir los doce años. El noventa y nueve por cierto de los abusos los comete el padre o el padrastro, en segundo lugar el abuelo y en tercero el tío.

El abuso sexual sucede en todos los estratos. Es mentira pensar que el abuso/violación ocurre solamente en hogares carentes o en las villas de emergencia.

La violación es un acto programado y se da, generalmente, en el hogar. Muchos creen que la violación o el abuso ocurren inesperadamente, que el abusador se excita de golpe. No es así.

Cuando a un niño le roban la confianza desde pequeño, le roban la inocencia y la sexualidad, crece y se culpa, pues dice: "...Yo me lo merecía... yo lo provoqué..., algo habré hecho...".

Algunos crecen para el día de mañana ser prostitutas, homosexuales, o mujeres obesas que no quieren atraer a nadie para no ser violadas o, por el contrario, son mujeres con espíritu de hipersexualidad, que activa una sexualidad negativa.

La mayoría no cuenta las situaciones de abuso porque tiene temor a ser rechazado, a no ser comprendido o amado. Muchas personas que ha sido abusadas todavía guardan ese dolor y su herida no puede sanar.

b › El rechazo:

Señala un autor acerca del rechazo: "... es la ausencia o la percepción de la ausencia de amor significativo, en otras palabras, la ausencia de aceptación incondicional."

El resultado es rechazo de sí mismo y baja autoestima; por ejemplo, una imagen pobre de sí mismo, que resulta en rechazo a otros y por tanto, produce más rechazo hacia la persona que lo siente. El rechazo obra en un círculo vicioso y da oportunidad a los demonios para oprimir y manifestarse.

Una lucha interminable por obtener aceptación es un claro síntoma del ciclo de rechazo que está en operación.

Hay dos tipos de rechazo:

a › Rechazo abierto: es definido como conducta obvia que lleva un mensaje: "el niño no es amado".

- Decir al niño que no fue deseado.
- Decir al niño que hubieran preferido que no naciera.
- Decir al niño que esperaban un hijo del otro sexo.

Hemos ministrado en este último tiempo a infinidad de personas que, en su infancia, constantemente, escucharon frases como:

• No sé para qué te traje al mundo...
• Estúpido, inútil, nunca vas a llegar a nada...
• Tendrías que aprender de tu hermano...
• Él sí que es un ejemplo...
• Siempre serás un infeliz...

b › Rechazo cubierto o cerrado: tiene lugar de maneras más sutiles que, muchas veces, no expresan la intención de los padres.

• La muerte del padre, por ejemplo, puede ser percibida por el niño como un rechazo.
• La sobreprotección también tiene la tendencia de no permitir al niño desarrollarse normalmente. Ejemplo: "Mis padres, gracias a Dios, fueron maravillosos; me amaron tanto que hicieron todo por mí".
• Niños que están frente a una situación de divorcio de sus padres.
• Padres que hacen diferencia entre los hermanos.

Por lo general, los niños pequeños que solo reciben mensajes negativos de sí mismos, terminan siendo víctimas de alguna de las siguientes consecuencias:

• Por temor al fracaso no intentan hacer nada de lo que le gustaría hacer, de ahí que a menudo se sienten frustrados, aburridos e insatisfechos.
• No pueden decidirse, son muy indecisos.
• Sienten la necesidad de hacer todo perfecto. De

manera que permanece inactivo. No hace nada, y esto lo deprime. O bien, cuando frente a una tarea no llegan a la perfección, el sentimiento de culpa aumenta.

• Su motivación se encuentra contaminada, desean ser perfectos para impresionar, o para sentirse importantes o amados.

• A menudo resultan ser reservados o mentirosos. De hecho es como si dijeran: "No me gusta mi forma de ser, imperfecto. No puedo soportar tener fallas. Así que no diré a nadie cómo soy. O les diré cosas que me conviertan en otra persona".

Algunos síntomas que genera el rechazo:

• Sentimientos de: indignidad, culpa, desvalorización, depresión.
• Incapacidad de expresar los sentimientos.
• Aislamiento emocional. Perfeccionismo. Miedos.
• Autocondenación. Preocupaciones y dudas.
• Imágenes de Dios erróneas: Dios indiferente, etc.

c › **La inferioridad**

La imagen que tenemos de nosotros mismos no viene de lo que nosotros pensamos, sino de lo que los otros piensan de nosotros.

En Proverbios 23:7, leemos:

"Porque tal cual es su pensamiento en su corazón, tal es él".

Cómo nos vemos, es muy importante; si nos vemos

geniales, así serán nuestros vínculos; si nos vemos como una basura, nuestras relaciones interpersonales serán del mismo modo.

"Ama a tu prójimo como a ti mismo", es un mandamiento sumamente claro, no dice que debemos amar más... sino igual a cómo nos amamos a nosotros mismos.

Es común, que de tanto en tanto, todos tengamos sentimientos de inferioridad, pero hay quienes continuamente son víctimas de ellos. Estas personas suelen usar máscaras para ocultar sus verdaderos sentimientos:

1) **Llaman siempre la atención:** son aquellos que cuando el espíritu los toca, caen al suelo con "estilo" como lo haría un artista; o los que durante la adoración no dejan de gritar..., los que se visten como estrellas para que todos los miren, los que necesitan demostrar que saben, y siempre dan su opinión.

2) **Muestran orgullo o superioridad:**

Proverbios 11:2:
"Cuando viene la soberbia, viene también la deshonra, mas con los humildes está la sabiduría".

Proverbios 13:10:
"Ciertamente la soberbia concebirá contienda; mas con los avisados está la sabiduría".

Proverbios 15:25:
"Jehová asolará la casa de los soberbios...".

Proverbios 29:23:
"La soberbia del hombre le abate...".

Muchas veces el tener constantes conflictos o peleas con otras personas, el preferir estar solo y manifestar conflictos internos, son signos de inferioridad. Otras, el machismo, la falsa humildad, el espíritu de masoquismo y de chisme; se suman para ocultar los sentimientos de incompetencia y falta de aptitud.

La mayoría de los sentimientos negativos sobre uno mismo o conceptos autodespreciativos, se originan desde los comienzos de la niñez.

• Sentimiento de rechazo de los padres hacia sus hijos.
• Castigos frecuentes, que hacen creer al niño que es malo o indigno.
• Frases descalificadoras: "tú no puedes hacer nada bien", "no sirves para nada", "eres un desastre".
• Comparaciones negativas con el resto de sus hermanos.
• Rótulos, burlas o palabras hirientes.

d › La falsa culpa

La culpa falsa nos invade cuando no cumplimos con los mandatos que otros nos imponen, y sentimos como que violamos una especie de ley.

Los sentimientos de culpa provienen de causas emocionales, y como en los puntos anteriores, generalmente se encuentran en relación directa con la infancia:

1) Los "debes" o las metas altas, mandatos de nuestros padres o maestros, que ahora nos llevan a la autoexigencia.
• "Debes vestirte así"

- "Debes ser buen alumno"
- "Debes ahorrar"
- "Debes comer con la boca cerrada"

2) La indiferencia, los silencios y la falta de afecto.

3) Las acusaciones y el contexto autoritario: nuestros padres nos culpaban de todos los males, nos hacían responsables directos de los sentimientos de los demás. Tampoco se toleraban nuestros errores y se vivía en un ambiente de rigidez.

Algunos síntomas que genera la culpa:

› **Los que se autocastigan:** se privan de las cosas; pueden comprar algo, pero no lo hacen; pueden dormir mejor, pero no lo hacen; pueden comer mejor, pero comen de pie. A veces sucede que se autoaccidentan: golpes, deportes de riesgo, etc.

› **Los que fracasan cuando triunfan:** personas que se deprimen cuando todo va bien; cuando reciben una bendición, enseguida piensan en el diablo; dejan a alguien que los ama; dejan un ministerio en la cumbre, etc.

› **Los que se quejan:** "Esto es difícil", solo se permiten disfrutar el placer si han sufrido, si ha pagado el precio.

› **Los que son masoquistas:** necesitan el castigo o reto del otro para funcionar, siempre sufren y el dolor los motiva.

› **Los que no disfrutan de la vida:** son personas que cuando obtienen un logro, un objeto, o un bienestar, resaltan el sacrificio o lo negativo.

› **Los que critican a los que gozan de la vida:** son los conservadores, que no toleran el baile, los saltos, los aplausos, dicen: "¿Cómo voy a adorar con la gente que sufre?".

La culpa falsa es un sentimiento negativo que nos impide ser felices y seguir adelante. Debemos recordar al apóstol Pablo en 2 Corintios 3:17:

"Porque el Señor es el Espíritu; y donde está el Espíritu del Señor, allí hay libertad".

¿Cómo ministramos sanidad interior?

Salmo 27:10:
"Aunque mi padre y mi madre me dejaren, con todo Jehová me recogerá".

Jeremías 30:16-17:
"Pero serán consumidos todos los que te consumen; y todos tus adversarios, todos irán en cautiverio; hollados serán los que te hollaron, y a todos los que hicieron presa de ti daré en presa. Mas yo haré venir sanidad para ti, y sanaré tus heridas, dice Jehová; porque desechada te llamaron, diciendo: Esta es Sion, de la que nadie se acuerda".

1 • Renunciar a todo sentimiento de culpa falsa, baja autoestima, inferioridad, abandono y rechazo que

estas circunstancias adversas pudieron haber generado desde su niñez o en su vida adulta.

2 • Perdonar a todas las personas que nos han herido. Si bien desde una perspectiva humana puede llegar a ser comprensible que alguien tenga odio, bronca o resentimiento por quienes lo abandonaron y rechazaron, es importante remarcar que estos son sentimientos contrarios a la voluntad de Dios.

3 • Echar fuera en el Nombre de Jesús, todo espíritu inmundo de rechazo y otros espíritus similares.

4 • Reconocer que mediante la sangre de Jesús, nosotros ahora estamos "en Cristo" sentados con Él en lugares celestiales.

Preguntas para ministrar en las heridas:

1 • Se comienza por preguntar los datos personales: nombre, edad, años de convertido/a; nombre de su esposa/o, hijos, padre, madre, hermanos y abuelos.

2 • Luego se le pide que trate de recordar cómo era su relación con sus padres y hermanos, el ambiente familiar y la relación entre sus padres durante los primeros diez años de vida.

3 • Se realizan preguntas específicas como:

- ¿Recuerdas algún hecho traumático de tu infancia?
- ¿Sufriste abandono, rechazo, falta de afecto en tu vida?

- ¿Cómo sientes que fue la relación con sus padres?
- ¿Te sentiste sobreprotegido?
- ¿Sabes si quisieron abortarte?
- ¿Sabes si deseaban un hijo de otro sexo?
- ¿Sientes que fuiste un hijo deseado?
- ¿Te castigaban violentamente?
- ¿Te insultaban, descalificaban o despreciaban?
- ¿Guardas rencor hacia alguno de tus padres?
- ¿Cómo sientes que fue el matrimonio de tus padres?
- ¿Fuiste abusado o violado sexualmente?
- ¿Tú, has violado o abusado de alguien?
- ¿Esto trajo problemas sexuales a tu vida adulta?
- ¿Le guardas rencor a esa persona o personas?
- ¿Perdiste algún ser amado?
- ¿Consumiste pornografía?
- ¿Con qué frecuencia te masturbabas? ¿Continúas haciéndolo?
- ¿Qué consecuencias crees que dejó tu infancia en tu carácter o vida actual?

4 • Siempre tratamos de relacionar el pasado con el presente al preguntar a la persona, en qué medida las vivencias infantiles afectan su vida actual. Demás está decir que solo debemos detenernos en aquellos aspectos que la persona expresa como propios, es decir, hacer las preguntas que se consideren necesarias para establecer con precisión los hechos y sentimientos que afectaron su niñez.

Cómo se ministra sanidad interior a través de "El modelo de las 4 puertas"

› ¿Por qué razón es imprescindible cubrirse con la sangre de Cristo?
› ¿Cuál es la finalidad de anotar la historia y qué hacemos con ella al finalizar?
› ¿Por qué no debemos dialogar con los espíritus inmundos?
› ¿Cómo debemos actuar si hay manifestación durante la ministración?
› ¿Qué señales podemos ver, en la persona ministrada, que nos indiquen que hubo expulsión?
› ¿Qué expresión de la persona confirma que la misma ha sido libre y sana?
› ¿Qué características tienen las distintas oraciones que se realizan durante la ministración de Sanidad Interior?

....

Elementos clave para comenzar a ministrar

1 • Lo que sucede antes de ministrar

Antes de ministrar a la persona los espíritus lo perciben,

e intentan que el futuro ministrado se aleje de nosotros. Recuerdo el caso de una joven hermana, la cual mientras estábamos en un campamento, desde temprano se levantó y manifestó intensos deseos de irse. Había profundas inquietudes en su corazón (malestar, angustia) y quería irse de aquel lugar. Insistentemente pidió a varios hermanos que la llevasen y la sacasen de allí (estábamos en las afueras de la ciudad de Buenos Aires). Sin entender el por qué de su conducta, tratamos de convencerla (de orar por ella, etc.) sin que esto diese resultado alguno. Su malestar cada vez iba en aumento, y así transcurrió todo el día, hasta que "inesperadamente" el grupo de guerra espiritual decidió reunirse durante la noche para interceder, y esta hermana fue invitada. Allí mismo se produjo una liberación de un espíritu maligno. Los espíritus inmundos perciben y saben –espiritualmente– cuándo la persona o personas que los rodean están preparadas para ministrar a la persona endemoniada. Estos espíritus inmundos comienzan a sentir malestar, y generan malestar en la persona.

Muchas personas previamente a la ministración nos informan que han tenido dolores de cabeza, algunos desmayos, molestias en la espalda, el estómago y otras partes del cuerpo.

Incluso, muchos espíritus les ponen ideas en la cabeza: "Cuando te digan que quieren orar por ti, diles que no", "Te quieren dar", "Vas a perder el tiempo", y cosas por el estilo (que hemos escuchado – más de una vez– de boca de quienes, luego, fueron ministrados).

Muchos colegas pastores nos han referido que, al comenzar a reprender en la iglesia públicamente, muchos hermanos han empezado a sentirse molestos, mal, angustiados y apesadumbrados. Sus manifestaciones significaban que no entendían por qué se reprendía, se atacaba al diablo o se sujetaban a los espíritus inmundos. Bajo la máscara de la intelectualidad, muchos hermanos comenzaron a sentirse mal, pero no por una cuestión intelectual (el hecho de que no entendían), sino por una cuestión espiritual (la cual desconocen). Hemos visto dos tipos de actitudes en cuanto a lo demoníaco, en este sentido.

Conocimos a hermanos que no comprenden todo el tema de la expulsión de demonios y, aun sin entenderlo, espiritual e intelectualmente están en una posición tranquila, piden que la voluntad de Dios se revele en sus vidas y traiga luz a sus ojos. Pero hemos visto también otra actitud –por parte de muchos hermanos– en la que, automáticamente, comienzan a atacar a la persona que reprende, y a expresar resentimiento. Este proceso comienza con un malestar que genera chisme y división. Dicha actitud es un índice poderoso de que la persona es controlada por espíritus inmundos y estos –sin que la persona lo sepa– la usan para generar este malestar en otros y , así "frenar" la guerra espiritual.

2 • Comenzamos por cubrirnos con la sangre de Cristo

Cuando comenzamos la ministración es importante orar y cubrir con la sangre de Cristo, nombre por nombre, a cada integrante del grupo que participa en dicho encuentro. Debemos cubrir a las familias (y aún sus propiedades y pertenencias) tanto de la persona que ministra como de la que va a ser ministrada. He aquí un modelo de cómo lo hacemos nosotros, en nuestra iglesia:

"Señor, ahora, en el nombre de Jesús, queremos cubrir con tu sangre la vida de Pedro, de su esposa y de sus hijos. Padre, pedimos que tus ángeles estén alrededor de este hogar y cubras aún, Señor, sus pertenencias y su casa. Todos sus familiares están protegidos con la sangre de Cristo...".

Así podemos seguir con cada integrante del grupo que allí se encuentre, y con la persona que es ministrada. Esto es importante, porque hay espíritus inmundos que se tomarán venganza con nuestros familiares o aún con nuestras pertenencias.

Nos tocó ministrar el caso de una chica que había estado en umbanda, que durante un momento de la liberación comenzó a llorar y a gritar: decía que el demonio le mostraba cómo su casa se incendiaba. Inmediatamente después, que iba a atacar a su novio; luego, que atacaba a sus padres y, después, a uno de los hermanos que intercedía esa noche. Por eso, es importante cubrir en oración y –como ya hemos dicho reiteradas veces– no sentir ningún tipo de temor.

Hace un tiempo me refería un colega pastor, que al ministrar a una joven involucrada en satanismo, no cubrió con la sangre de Cristo a nadie de su familia. Terminada la ministración, con profundo malestar (sin saber el por qué de dicho sentimiento, ya que todo había sido un éxito) regresó a su casa. Al llegar, subió directamente para ver a su bebé (al cual encontró boca abajo y vomitado). Un milagro de Dios todo misericordioso protegió a dicha criatura de una desgracia mayor. Los espíritus inmundos buscarán tomar venganza contra todo aquel que busque "liberar a los cautivos".

3 • Levantamos la historia y oramos

La ministración, entonces, va a comenzar al levantar la historia personal y las incursiones de la persona en el ocultismo, tanto sea de ella como de su familia. Luego de anotar las respuestas, una por una, vamos a la puerta del pecado, luego, a la de la herencia y, por último, a la de las heridas del pasado. Anotamos todo lo que nos refiere y le decimos que lo hacemos porque luego vamos a orar por cada cosa, específicamente. Además, al terminar de ministrar, romperemos delante de sus ojos el papel donde anotamos todo (también, como un símbolo de que todo "ha sido roto", de que la ministración ha sido concluida).

Luego de levantar todas las "puertas" comenzamos a orar. Le decimos que, a veces, vamos a orar nosotros y que, luego, le vamos a pedir que repita con nosotros, y que esté absolutamente tranquila (porque nosotros vamos a guiar todo). Le explicamos y preguntamos si está dispuesta a renunciar a TODO lo anotado. Una vez confirmado esto le decimos que vamos a RENUNCIAR EN VOZ ALTA. Renunciar significa decirle al Señor –y también al diablo– que de todo lo vivido en cada puerta no queremos saber nada más, y que vamos a romper toda atadura espiritual que se haya configurado por estas prácticas.

Le pedimos a la persona ministrada que nos avise, en caso de sentir alguna sensación "rara" (molestias, voces, etc.) que perturbe, para que podamos orar por eso.

Entonces, sí –punto por punto– le hacemos renunciar –en voz alta– y, luego que renuncia, nosotros reprendemos al espíritu correspondiente. Damos aquí un ejemplo: supongamos que una mujer estuvo en umbanda y espiritismo y que, de chiquita, fue abusada. Vamos a comenzar, entonces, y la hacemos renunciar (y más adelante damos un modelo). Nosotros la guiamos en la oración y le decimos que repita.

Hay gente que no puede hacer la oración de renuncia; entonces, atamos todo espíritu inmundo (que la oprime e impide hablar a la persona) y le ordenamos que la suelte y la deje orar. Luego que el ministrado hace la oración de renuncia (de la cual, simplemente, hemos dado un modelo de guía), quien ministra debe reprender y echar fuera todo espíritu (sea cual fuere).

En caso de que el espíritu de umbanda esté dentro de la persona, inmediatamente va a manifestarse. Ante la manifestación, debemos expulsarlo, en el nombre de Jesús. Así hay que seguir con todos los puntos. Existen algunos espíritus inteligentes –como los engañadores– que no se manifiestan como los otros; es necesario reprenderlos con perseverancia para que se den a conocer.

Ya hemos dicho que los espíritus inmundos pueden manifestarse a través de la adoración, la predicación, cuando hay unción y a través de la reprensión Sin embargo, hay espíritus inmundos –como los engañadores– que no se manifiestan (que se ocultan de manera muy sutil). A pesar de eso, cuando ordenamos, en el Nombre de Jesús, que se den a conocer y los reprendemos muchas veces por su nombre, estos se revelan.

¿Qué sucede durante la ministración?

Es imposible poder poner por escrito todo lo que sucede durante las ministraciones, ya que en cada una, Dios se manifiesta de una manera nueva. No existen dos ministraciones iguales. Pero nos gustaría señalar algunas experiencias que hemos visto ocurrir con frecuencia.

(1) **A veces, necesitamos saber los nombres de los espíritus, y a veces no:**

Aquí precisamos el discernimiento de Dios, para que nos diga si necesitamos saber el nombre o no. En cuanto al nombre de los espíritus, muchas veces nos lo han dicho al preguntárselo, pero la mayoría de las veces no. Los espíritus inmundos no solo intentan generar temor y confusión, sino, también, agredir. En una ocasión, le ordené al espíritu inmundo que me diga su nombre, que se dé a conocer y dio vuelta la cabeza de Romina, quien me miró a los ojos y me profirió una mala palabra. Cuando le ordené, nuevamente, que me dijera su nombre, comenzó a insultarme ininterrumpidamente durante cinco minutos. Esta es otra de las artimañas de los espíritus inmundos, con tal de tratar de perturbar la ministración.

En otro caso, cuando alguien del equipo de sanidad le pidió al espíritu inmundo que dijera su nombre, este comenzó a decir: "No te conozco, no sé quién sos, andáte; no sos nadie y no vas a poder hacer nada".

Por eso nosotros debemos pedir discernimiento. Si no sabemos su nombre, hay que expulsarlo como "espíritu inmundo", o ver la manifestación que tiene y ponerle nosotros un nombre.

(2) **Espíritu de burla:**

Es muy frecuente que aparezca algún espíritu de burla (para quitar seriedad a la ministración y para provocar la risa de quienes integran el ministerio).

Muchos espíritus –en forma desafiante– dicen que no van a salir y, desde allí, nos amenazan con destruir a la persona o a nosotros. El caso de Norma fue interesante. Al reprender al espíritu de adulterio, comenzó a manifestarse un espíritu de burla que se reía de nosotros y nos decía que no iba a salir jamás.

El espíritu de burla aparece, también –en muchos casos– se ríe u ocasiona risa en el grupo de ministración. Esto nos sucedió en una ocasión, cuando un espíritu de risa comenzó a reírse de todos nosotros; era una risa tremenda, tan contagiosa que aún muchos del equipo comenzamos a reírnos sin poder parar, hasta que tomamos consciencia de que el objetivo de este espíritu era perturbarnos y causar demérito a la sanidad interior.

(3) Espíritu de temor y mentira:

Ningún demonio puede hacernos nada, a menos que tengamos una puerta abierta para que entre. No debemos ministrar a nadie si no estamos en santidad y comunión con Dios y preparados espiritualmente. El espíritu inmundo tiene dos cosas grandes: la boca (para insultar y atemorizar) y la memoria (para recordarnos los pecados del pasado). Por eso, es importante no conversar con los demonios, a menos que el Espíritu Santo nos indique algún propósito en ese sentido.

A Josefa, en plena ministración, un espíritu de mentira comenzó a decirle –a una velocidad formidable– que alguien incendiaba su casa. Ella, a gritos, me pedía que orase y cubriese con la sangre de Cristo su casa. Cuando todavía no había terminado de orar para que el Señor cubriera con su sangre su casa, otra imagen desgarradora aparecía en su mente por el espíritu de mentira: le mostraba que iba a lastimar a su novio. Inmediatamente después que oré por su novio, otra imagen desgarradora le revelaba que iba a lastimar a su familia, a sus hermanas, y así sucesivamente. El espíritu de mentira aparece para ocasionar temor en la persona y Josefa –con gritos desgarradores– nos manifestó el pánico que sentía cuando las imágenes, con mucha nitidez, aparecían en su mente, y cómo el espíritu le decía que iba a matar a quienes ella amaba.

(4) **Traen recuerdos tristes para perturbar a quien ministramos:**

También es frecuente que los espíritus inmundos traigan, a la memoria de la persona, recuerdos tristes de situaciones que haya vivido (por ejemplo: imágenes de abuso, abandono, rechazo, etc.), con el fin de angustiarla y perturbarla.

(5) **Espíritu de confusión:**

Otro caso interesante en el cual pudimos ministrar fue el de una chica –creyente– que frecuentemente (en casi todos los cultos) lloraba. Su llanto manifestaba profunda angustia y tormento. Permanentemente, reunión tras reunión, pasaba para ser ministrada y lloraba angustiosamente. Cuando comenzamos a reprender, el espíritu de umbanda, automáticamente causó un dolor profundo en su estómago (ella sintió que algo le molestaba allí). Como ya hemos dicho anteriormente –y este caso lo ilustra– los espíritus que moraban en ella, permanentemente anulaban su mente y se la llevaban lejos. Esto debe tenerse siempre en cuenta. Al comenzar la ministración, debemos sacar, si el Espíritu Santo así nos lo confirma, todo espíritu de confusión y de agotamiento. Lo primero que el demonio intenta hacer con la persona es cansarla y agotarla. Hemos visto, en muchas situaciones, que apenas comenzada la ministración, la persona siente un profundo cansancio y agotamiento en todo su cuerpo y mente.

Por eso, sugerimos reprender y atar todo espíritu de cansancio y de confusión para que la ministración pueda ser llevada con tranquilidad. El espíritu de confusión debe ser atado y reprendido (porque una de las artimañas del diablo es crear confusión en el equipo de sanidad). La confusión puede operarse en dos sentidos, según hemos observado: en primer lugar, confusión en el equipo de ministración (para que todo el grupo se confunda) y, también, confusión en la persona ministrada.

(6) Espíritu de cansancio:

A los pocos minutos de haber comenzado a ministrar, muchas personas nos han manifestado un terrible cansancio. En otros casos, quienes ministramos sentíamos un profundo cansancio, a escasos instantes de haber empezado. Por esto, a veces es importante sujetar todo espíritu de cansancio desde el comienzo.

También, sugerimos que las ministraciones no duren más de tres horas. El cansancio físico y el agotamiento mental pueden jugarnos una mala pasada. En caso de tener que suspender la ministración cubrimos con la sangre de Cristo a la persona y, al otro día, continuamos donde habíamos dejado.

(7) Espíritu de seducción:

Obviamente, el espíritu de seducción intenta destruir cualquier proyecto de ministración, (va a usar todas las artimañas posibles para impedirlo) pero, en el nombre de Jesús, nosotros tenemos la victoria. Durante un momento de una sesión de sanidad interior, Estela me miro y –con voz muy seductora– me pidió que la ayude, que la acompañe, que yo solo la podía ayudar. En ese momento, con todo su rostro, expresó una fuerte seducción hacia mí. Comencé a reprender al espíritu de seducción, el cual comenzó a dar gritos e insultarme. También nos sucedió un caso en que ministrábamos a una joven y, luego de la ministración, la persona que ministraba conmigo me compartió que sintió un espíritu de seducción que le decía al oído que le diese un beso y le tocase los pechos a esa chica. Al final, la joven ministrada nos comentó cómo escuchó una voz que le decía que le diera un beso a mi compañero y que se dejara tocar los pechos. Por eso es tan importante que todo el equipo de Sanidad camine en santidad, en dependencia de Dios y en búsqueda del Señor.

(8) Llevarse lejos la mente:

Otra de las maneras importantes en que el espíritu inmundo trata de perturbar es anular la mente de la persona. Hemos visto que casi toda persona que tiene experiencia en la expulsión de demonios, ha registrado que muchos espíritus lo primero que hacen es anular la mente de la persona. Cuando comenzamos a reprender, la persona cierra sus ojos y la cabeza cae como si hubiese perdido total conciencia. Lo que tenemos que hacer, en estos casos, es pedirle al Señor que envíe sus ángeles para que traigan la mente de la persona, o pedirle al Espíritu Santo de Dios que sea el encargado de traer la mente de la persona al aquí y ahora, o reprender todo espíritu de robo que se ha llevado lejos a la persona y –luego de reprender– pedirle al Señor que la traiga aquí.

Otra cosa adecuada es ordenarle a la persona, en el nombre de Jesús (llamándola por su nombre), que tome control y dominio de su cuerpo y que abra sus ojos. Algunas personas nos han manifestado que el demonio se la habían llevado a los cementerios o a los sepulcros, a lugares asquerosos (de muertos, o con serpientes); otros nos han manifestado que el demonio se los llevaba a lugares oscuros y la persona perdía noción del tiempo y del espacio. Estas actitudes del enemigo son para hacer fracasar el ministerio de sanidad interior. Aún desde antes de expulsión de demonios, los espíritus inmundos tratan de invalidar todo intento de ayudar a quienes sufren atados por el diablo.

En muchos casos, hemos visto rostros de sorpresa al darse cuenta de las sensaciones extrañas que les estaban sucediendo y de las manifestaciones demoníacas que estaban apareciendo (ya que las personas jamás pierden el control en forma total, conservan un grado de consciencia y saben que están dominadas por algo que escapa a su propia voluntad). Las personas se dan cuenta de lo que les pasa, pero no pueden evitarlo.

(9) Espíritu de violencia:

También –en otros casos– al comenzar a reprender, la persona a quien ministramos, automáticamente, comienza a taparse los oídos. Luego de atar a todo espíritu y ordenarle que se vaya de la persona, este comienza a intentar que la persona se pegue la cabeza contra la pared, o le pegue a alguien, o se lastime. Así nos sucedió en una oportunidad, cuando reprendimos un espíritu de marihuana y comenzó a ejercer una violencia tremenda (éramos seis y no podíamos sujetarla) hasta que, tomamos control en el equipo y pudimos sujetar al principado de la marihuana que ya bastante daño le había ocasionado.

Es interesante decir que al sujetar el espíritu de agresión o violencia en el Nombre de Jesús y ordenarle silencio, el espíritu cierra su boca. Es importante no dialogar con los demonios ni permitirles que ellos hablen (ya que lo único grande que tiene el demonio es su boca para insultar, y su memoria para recordarnos nuestros pecados). Los espíritus más fuertes, según nuestra experiencia, son los espíritus de temor y de violencia. En uno de los casos, al reprender un espíritu de violencia, una chica de 1.60m aproximadamente de estatura, comenzó a manifestarse con un ladrido de perro y empezó a golpearse la cabeza contra el piso y la pared; cinco personas no pudimos detenerla, hasta que sujetamos al espíritu de violencia.

Sin lugar a dudas, el espíritu inmundo trata de destruir a la persona o de destruir a quienes ministran sanidad. Los espíritus inmundos, al perder fuerza, lo primero que van a hacer –además de generar la confusión y la burla para desprestigiar– es tratar de destruir a la persona. Si no lo logra, van a intentar destruir al equipo de ministración que se encuentra allí; si no, va a procurar llamar –con las manos y con los pies– a otros espíritus para que le ayuden (esto se explica en el próximo punto). A ciertos espíritus inmundos les encanta hacer demostraciones de violencia, de fuerza, ladrar como perros, gritar; debemos impedir esto. Tenemos que atar toda manifestación de violencia y de gritos, y ordenarle, en el Nombre de Jesús, que salga con tranquilidad.

(10) Llamar a otros espíritus en busca de ayuda:

Casi todos los espíritus inmundos comienzan a hacer señales con las manos y con los pies para traer a otros espíritus; debemos impedirlo.

(a) Las formas de llamar que más hemos observado –casi sistemáticamente– son con las manos: hacen rotación con las manos, cruzan los dedos y los giran, hacen señales con el dedo índice, como si llamasen a alguien, etc.

(b) A través del agua se fortalecen: En Mateo 12:43 dice: *"Cuando el espíritu inmundo sale del hombre, anda por lugares secos, buscando reposo, y no lo halla"*.
Mas allá de la literalidad de este texto, nosotros creemos que los espíritus inmundos necesitan de lugares húmedos para tener mayor poder; y hemos visto, a medida que pierden fuerza durante la ministración, que inmediatamente solicitan agua. También los espíritus inmundos, en algún momento, dejan hablar a la persona y esta nos manifiesta que necesita tomar un poco de agua, que tiene sed; de ninguna manera debemos darle agua, ya que estos se fortalecen a través del agua (no tenemos muy claro el por qué, pero esto es así).

Señales indicadoras de que los espíritus salen de la persona

En cuanto a las manifestaciones encontramos, en muchas personas que han sido sanadas, que los espíritus pueden salir a través de la nariz y de la boca, con gritos, violencia, eructos, llantos, arcadas, lágrimas o aún a través de soplidos. Sentir olores repugnantes durante la ministración también es algo muy frecuente. Analicemos algunas manifestaciones:

1 • A través de soplidos:

En uno de los casos que nos tocó ministrar, cuando reprendíamos, salían los demonios, constantemente, y la mujer inflaba su boca y comenzaba a soplar ininterrumpidamente. Sabíamos que cada soplido era un demonio que salía. Nos tocó, también, el caso de una hermana que cuando salió el espíritu de tormento –lo expulsó de su boca– un gato que se encontraba dentro del templo (nosotros estábamos en el fondo, en otra aula) gritó de una manera tan impresionante que un hermano que estaba afuera en la puerta se asustó mucho. Cuando la persona hizo su última expiración, simultáneamente, el gato gritó. Sin lugar a dudas, los espíritus inmundos habían salido y entraron en aquel gato.

Esto no nos debe sorprender porque los umbandistas y muchos de magia negra saben que pueden hacer trabajos e incorporar espíritus en animales. Otros espíritus pueden salir mediante la flema, las escupidas, la defecación, la orina, los soplidos, la tos, o aun pueden salir mediante una respiración profunda; depende del grado de maldad de los espíritus, depende del tipo de manifestación. Son múltiples las señales por las cuales el espíritu puede salir. En el caso de Romina, ella comenzó por inflar su boca y comenzó a soplar sin interrupción casi durante quince minutos, decenas y decenas de espíritus inmundos que salían de ella.

Siempre, debe ser el Señor quien dé el discernimiento para saber que los espíritus inmundos han salido. Otros, sienten como si dos manos le oprimiesen la cabeza y, al cortar toda atadura espiritual, sienten como si esas dos manos soltaran su cabeza.

2 • Por gritos:

Las manifestaciones son muchas y variadas. Otra de ellas es el grito. En lo posible, debemos ordenarle al espíritu inmundo que salga sin hacerle daño a la persona y sin gritar. Esto es para evitar que dañe –después– su garganta.

3 • Con sensaciones físicas:

Hace un tiempo nos tocó orar por una hermana y, en el momento de la oración, Dios dio el discernimiento de que había un trabajo de brujería. Al orar para cortar el trabajo de brujería, la mujer hizo una exclamación potentísima, en medio de la oración, sin saber por qué, sin saber qué le había sucedido. Sin lugar a dudas, un espíritu de brujería había sido destronado y un trabajo de brujería había sido cortado. Otras personas sienten como una corriente eléctrica que aparece y desaparece. Estas sensaciones corporales, especialmente, se dan cuando se rompen trabajos hechos.

4 • Por tos:

Cuando Marta pasó para orar en una de las reuniones, el Señor dio discernimiento de que había que romper todo trabajo de brujería que había sido hecho contra su vida. En el preciso momento de decir que con la sangre de Cristo cortábamos todo trabajo de brujería, ella tosió muy fuertemente, en medio de la oración, y nos contó luego que sintió que algo había pasado. Sin lugar a dudas el trabajo de brujería se había roto.

5 • A través de arcadas, llanto y eructos:

Los espíritus inmundos que oprimían a Estela salieron a través de arcadas, llanto, escupidas y eructos. Las manifestaciones por las cuales salen son de las más variadas y, en ciertas oportunidades, la persona siente como que algo sale dentro de ella cuando se producen esas manifestaciones. Al otro día, al llamar a Estela nos manifestó que fue la mejor noche de su vida, durmió como nunca antes, y el domingo, al orar por ella en el culto, vimos un nuevo rostro, resplandeciente, libre de todo síntoma, sanada por el Señor tal como Jesús lo hacía en los evangelios. Sin lugar a dudas, el poder sanador de Dios sigue actuando en aquellas vidas que, dispuestas a renunciar a toda práctica oculta, a toda herida y a todo pecado, buscan más del Señor. Toda la gloria sea para Él.

6 • Con ruidos raros que suceden:

Cuando los espíritus inmundos salen de la persona es probable también que algunas situaciones extrañas ocurran en el lugar. Nos sucedió que algunos hermanos escucharon como si una persona vomitara en el baño cuando no había nadie. También se oían puertas que se abrían y cerraban en los baños; y se escuchan ruidos extraños en otras aulas; todo esto señala que los espíritus intentan ocasionar temor, o que salen con violencia y ocasionan disturbios.

7 • A través de calores que salen por el cuerpo:

Otro caso interesante es el de Marisol. Ella llegó a conectarse con nosotros a través de unas referencias dadas por un hermano de otra iglesia. Cuando vino vivía con un muchacho de unos treinta años que pertenecía a la secta umbanda. Nos cuenta que, cuando duerme, comienza a temblar, y su cuerpo suda (sin tener ninguna explicación). Además de estas sensaciones, oye voces, ve luces, siente calores muy fuertes. En una oportunidad –nos dice– vio cómo la sombra de una persona llegaba hasta su novio y lo sometía: tenía relaciones sexuales con él. Ella escuchaba los jadeos de su novio viendo como el calzoncillo se le inflaba y desinflaba de aire. Ella observó que su novio no tenía erección pero, luego de varios minutos, gritó como produciendo la culminación del acto sexual.

El novio es asiduo lector de un libro de ocultismo, donde se narran varias historias por un espíritu llamado "bagual" que se presenta en el libro como el "guía" que ayudará al lector.

Marisol nos refiere que, en el reflejo de la televisión, ve animales, hombres y mujeres que tienen relaciones sexuales. También tiene sensaciones de frío, siente vientos que soplan dentro de la habitación y, en algunas oportunidades, escuchó decir a los espíritus inmundos entre ellos: "Mátala".

Cuenta que, por momentos, siente excitación sexual y que una mano la masturba y la manosea por todo su cuerpo. En otra oportunidad –nos refiere– se le manifestó el ángel de la guarda (un ángel blanco); ella le habló y le pidió que entrase en ella y el ángel la penetró y la llenó de luz. En cuanto a los trabajos que encontró en su casa, señala: pañuelos anudados, botones, pelos de mujer en su cama, portaligas, ropa interior usada, una remera suya con sangre de gallina.

Una amiga brasileña le prestó un libro; en su interior encontró una foto con los mismos objetos que ella tenía en su casa; se pregunta si se los habrán sacado y llevado a otro lugar, para sacarles una foto y allí trabajarlos. Oh casualidad: ¡esta amiga brasileña está involucrada en el candomblé! También practicó regresiones a vidas pasadas y descubrió que en su vida anterior había sido un franciscano. Jugó al juego de la copa; a la tercera vez estalló la copa, y la impresión fue tan grande que nunca más jugó. También hizo viajes astrales, fue varias veces a la curandera y lo más significativo fue que en su infancia, en la casa, había una mujer que tocaba la cítara y, cuando lo hacía, todas las puertas de la casa se abrían. Marisol tenía cinco años y preguntaba a qué se debía esto; esta mujer que los cuidaba decía que eran los ángeles que venían a escuchar la música (¡Esta mujer, por las noches, tocaba en una iglesia evangélica!)

Recuerda ella que, durante su adolescencia, una vez al levantarse encontró los muebles cambiados de lugar (lo cual sorprendió a todos los integrantes de la familia). Los dueños de esa casa, paradójicamente, habían puesto un negocio a treinta metros del negocio actual del novio. El negocio se llamaba "El exorcista". En una oportunidad, la mamá tuvo un sueño en el cual un hombre le decía que iba a matar a las hijas. Al pasar su mamá unas semanas de visita en lo de una vecina, esta le mostró fotos donde estaba ese hombre con el que ella había soñado. La mamá le preguntó por ese hombre, y la vecina le dijo que era un antiguo propietario de la casa que había muerto ahorcado.

Marisol fue ministrada en sanidad interior por alrededor de cuatro horas; se manifestó el espíritu de "bagual", San Jorge, "exús", espíritus de espiritismo y de suicidio. Fue importante explicarle que ese ángel blanco de la guarda era un demonio que se le aparecía como ángel de luz. Al reprender al ángel de la guarda, también hubo manifestación y sanidad.

Nos contó que, cuando era chiquita, se acercaba a las personas, imponía sus manos y podía curarlas a través del calor que estas generaban. En una oportunidad en que reprendimos, se manifestó un profundo calor que salía de las palmas de sus manos, pero no así de sus brazos y antebrazos. Ella hoy ha sido liberada, ha recibido al Señor e intercedemos para que su novio también pueda conocer el amor de Dios.

En este caso interesante de liberación, Marisol nos manifestaba que sentía cómo los espíritus salían (a través de los costados de su cuerpo, las manos, las piernas); cómo, al reprender con intensidad, salían de su espalda con profundo calor y con sensaciones de dolor, en algunos momentos, en su estómago y su rostro.

8 • Manifestación de paz y tranquilidad en quien ha sido ministrado:

Alejandra es una joven recientemente casada que vino también para ser ministrada en sanidad interior. Este caso vamos a comentarlo, no porque hubo experiencias de espíritus inmundos que oprimían desde adentro a la persona, sino por algunos síntomas interesantes que pudimos observar. Ella nos refiere cómo en su inmensa casa, cuando era niña tenía varios perros y cada perro que moría era enterrado en el fondo, en su jardín, y a cada perro se le ponía una cruz. En esa casa ella vio morir a ocho personas de su extensa familia.

Cuando nació, la mamá la bautizó en la iglesia de Luján y había prometido tomar la comunión allí y orarle a Ceferino Namuncurá en su tumba. Alejandra, con la finalidad de buscar paz en su corazón, incursionó en la lectura de libros de numerología, reencarnación, ocultismo, pirámides, cartomancia, etc. Ella vio cómo la mamá incorporaba (supuestamente) al espíritu de su abuelo y este se hacía pasar (hablaba y se conducía) como la mamá. De chica, nos comenta, tenía amigos invisibles con los cuales jugaba y, desde los ocho años comenzó a tener ausencias y lagunas en su mente a partir de un tremendo susto (cuando, al mirar por su ventana, vio una sombra negra que avanzaba). Los síntomas de Alejandra eran muchos: odio muy profundo hacia su papá, culpa por todas las exigencias que este le hacía, rechazos profundos, introversiones, temor y una muy profunda y baja autoestima. Tuvo tres intentos de suicidio, a los catorce, quince y dieciséis años.

La ministración la realizamos un martes a la noche,

ella renunció a todas estas prácticas y a las tres o cuatro horas habíamos concluido. Sin embargo, se fue muy callada y muy seria. Este caso lo narramos aquí porque, luego de una ministración, uno se da cuenta cuando la persona queda libre totalmente y cuando no. La persona debe irse con gozo, tal vez se vaya con los ojos hinchados de tanto llanto, con la voz áspera, con la garganta seca, pero con un profundo gozo en su corazón porque se siente liberada. Sin embargo, con Alejandra no sucedió así; se había ido triste, seria y callada.

Le preguntamos si había algo más que ella debía compartir y a lo cual debía renunciar, y nos dijo que no. Sin embargo, al otro día a la tarde el marido nos llama pidiéndonos ayuda ya que ella se encontraba con taquicardia, ahogos y profunda opresión.

Cuando nos encontramos en la iglesia para continuar la ministración, recordó algo interesante; ella, pintora y artista, nos refirió que su "ídolo" de siempre fue Van Gogh. Este pintor que había cautivado su vida, la llevó a leer todos los libros que existían sobre su biografía, a ver sus obras, pintar sus obras, pintarlo a él, pintar cómo él se ponía un sombrero con velas arriba, pensar que hablaba como él, que era él; se dibujó en varias obras con él, y también nos refiere que había levantado una escultura enorme con su rostro.

La identificación no se daba desde el punto de vista artístico, ya que ella nos dijo que tenía afectos platónicos hacia él. Aquí tenemos una ligadura humana tremenda. Fue necesario renunciar a esta ligadura, a esta identificación. Para quienes no saben, Van Gogh fue una persona muy despreciada y rechazada que terminó en un suicidio. La identificación tan profunda que tenía con este personaje, sin lugar a dudas, ocasionaba gran parte de los síntomas que ella tenía. Fue necesario renunciar a esta identificación y cortar toda ligadura y toda identificación humana con esta persona y buscar la identificación con Cristo. Al realizarse esta ministración pudimos comprobar cómo algo de ella salía y cómo algo de ella se cortaba para llegar a ser una nueva persona.

Este caso lo citamos porque no siempre los espíritus inmundos moran dentro de la persona, sino que, muchas veces, tejen identificaciones –como en el caso de Alejandra– con ejemplos que intentan destruir la vida. Por eso, nosotros estamos llamados no solamente a echar fuera todo espíritu inmundo, sino también a cortar toda opresión, toda identificación demoníaca y toda fortaleza emocional que se levanta contra el conocimiento de Dios.

Pasos de una oración de sanidad interior

Guía el ministro de sanidad interior:
1 • Arreglar las cuentas con Dios
2 • Renunciar concretamente

Ora el ministro de sanidad interior:
3 • Echar fuera en el Nombre de Jesús
4 • Pedir la llenura del Espíritu Santo

Los pasos 1 y 2 son guiados por el ministro de sanidad interior mientras la persona, con sinceridad de corazón, repite lo que este dice. Los pasos 3 y 4 le corresponden al ministro de sanidad interior, que toma autoridad en el nombre de Jesús para reprender y cortar toda atadura. La oración de sanidad interior puede ser, según los casos, algo similar al ejemplo que damos a continuación:

Oración de sanidad interior sugerida

› **Arreglar las cuentas con Dios:** "Padre Santo, vengo ante tu presencia para consagrar mi vida a ti; te pido perdón por haber vivido lejos de tu voluntad, hoy te reconozco como mi único Señor y te doy gracias por la sanidad que voy a encontrar en tu Nombre".

› **Renunciar concretamente:** "En presencia de mis hermanos como testigos y ante tu santa presencia, renuncio, Señor, al odio que sentí por mi madre cuando me decía que era un inútil y que no sabía para qué me trajo al mundo... renuncio al sentimiento de rechazo y de desprecio y pido al Espíritu Santo que corte toda atadura que estos sentimientos trajeron a mi vida emocional y espiritual... renuncio haber asistido a una sesión espiritista y pido al Espíritu Santo que corte toda atadura emocional, física y espiritual sobre mi vida y la de mi familia".

› **Echar fuera en el Nombre de Jesús:** "Con la autoridad que me da a Palabra de Dios, me vuelvo contra todo espíritu inmundo de odio, lo sujeto y lo echo fuera de la vida de mi hermano en el Nombre de Jesús, te ordeno en el Nombre de Jesús que sueltes esta vida; y en esta hora, desato el amor eterno e incondicional de Dios sobre la vida de mi hermano y declaro que el Señor nunca lo abandonará y que el bien y la misericordia le seguirán todos los días de su vida".

› **Pedir la llenura del Espíritu Santo:** "Señor, alabo y bendigo tu nombre por la obra maravillosa que hiciste sobre mi hermano y te pido que en esta hora llenes su vida con tu presencia; que el Espíritu Santo selle cada una de las puertas que ha cerrado al enemigo y que la plenitud de tu vida se manifieste en él para la gloria y honra de tu Nombre. Amén".

Viviendo en santidad

› El amor de Dios es más grande que cualquier pecado.
› La santidad no es ser recto, honesto y hacer el bien.
› Las críticas y razonamientos lógicos muchas veces evidencian pecados ocultos.
› Santidad es vivir y hacer lo que Dios espera de nosotros.
› Si no crucificamos nuestra carne cada día, no podremos vivir en santidad.
› Vivir y reflejar la llenura del Espíritu Santo es muestra de santidad.

....

Caminando en santidad

Los pecados podemos esconderlos, cargarlos, olvidarlos, justificarlos, etc.

Nosotros decimos confesarlos a Dios. Pero Dios quiere que, además, renunciemos, nos apartemos, nos arrepintamos. Por eso, dice Proverbios 28:13:

"El que encubre sus pecados no prosperará; mas el que los confiesa y se aparta alcanzará misericordia".

Es importante señalarle a nuestro aconsejado que puede llorar frente al Señor, confesar un pecado, decirlo y reconocerlo. Pero es la mitad del camino; debe dejarlo. Y le aconsejamos que comparta su decisión con un hermano confiable. La confesión de sus pecados debe ser nombre por nombre, debe confesarlos en voz alta y a Cristo. Le dijo Jesús a la adúltera: *"Vete y no peques más".*

"Yo lo confieso, lo reconozco, porque Él es fiel y justo para perdonarme. Pero me aparto, me arrepiento". Eso es renunciar. Por eso, confesarlo a un hermano espiritual es señal de que hemos renunciado. No pisar la sangre de Cristo. Cuando decimos que Dios no va a perdonarme, pecamos. Porque es como si dijéramos: "Mira, Señor tu Hijo murió en la cruz, pero no tiene tanto poder para perdonarme, tu Hijo dio su sangre, pero lo que yo hice es más grande, así que su sacrificio no alcanza".

Ese mensaje es del diablo. Cuidado. Muchos de los aconsejados no saben aceptar el perdón de Dios por gracia, por la obra magnífica, perfecta y completa que Cristo hizo en favor de nosotros en la cruz. El amor de Dios es más grande, siempre, que nuestro pecado, pero Él no va a usarte ni bendecirte si estás en pecado, y si no has renunciado y dejado las prácticas pecaminosas. Muchos planteos psicológicos, teológicos y eclesiológicos son máscaras para mantener ocultos los pecados.

Hace un tiempo, vimos a una persona que se quejaba grandemente de la adoración, de los aplausos y de las canciones que "eran un bochinche". Señalaba, con "autoridad", que sus mayores no le habían enseñado eso, que "la quietud de la palabra" era lo más importante, que este tipo de nueva adoración lo único que hacía era perturbarle y que no era, de ninguna manera, bíblica. Esta persona que planteaba tales conceptos (con alto margen de autoritarismo) trabajaba en su propio negocio de alquiler de videos, dando en alquiler ¡¡¡películas pornográficas!!!

No hay nada oculto que no salga a la luz.

El diablo ha intentado minimizar el pecado. Le dice a la pareja: "Si se aman, adelante". Le dice al comerciante: "Si le entregas de menos, no es nada". Le dice al creyente: "Defiende tus derechos en la iglesia; peléate".

Los corintios tenían dones, una linda iglesia, gente de dinero y gente pobre, celebraban muchas reuniones, pero no pasaba nada en sus vidas, porque había pecado. Cuando una iglesia o un creyente está en pecado –y continúa en pecado– se separa de la unidad del cuerpo. La carne debe ser crucificada. No podemos vivir en santidad, si vivimos en pecado.

¿Qué es la santidad?

- No es ser recto y honesto.
- No es no decir malas palabras, o no cometer grandes pecados.
- No es saber la Biblia.
- No es orar bien, o fuerte.
- No es ser una persona ética o moral (porque lo puede ser cualquiera).

Santidad es vivir y hacer las cosas que Dios quiere. Vivir y hacer lo que Jesús hizo.

Esto que voy a hacer, ¿lo haría Jesús? Esto, ¿lo pensaría Jesús? Esto, ¿lo diría Jesús?

No puede haber santidad si no se crucifica la carne.

Santidad implica primero crucificar la carne que habita en nosotros. Ser santo es vivir bajo el control del Espíritu Santo. Es una actitud de vida, pero no porque soy honesto, sino porque mi vida está gobernada y dirigida por el Espíritu Santo.

Santidad es una vida en la que las veinticuatro horas estoy en la presencia de Dios y vivo como Él quiere, hago lo que Él quiere, hablo lo que Él quiere. Santidad es reflejar la llenura del Espíritu Santo.

Dice Éxodo 19:6:

"Vosotros me seréis un reino de sacerdotes, y gente santa. Estas son las palabras que dirás a los hijos de Israel".

Dice Deuteronomio 7:6:

"Porque tú eres pueblo santo para Jehová tu Dios; Jehová tu Dios te ha escogido para serle un pueblo especial, más que todos los pueblos que están sobre la tierra".

Una vida santa es una vida abundante. No es, solamente, no pecar, sino reproducir el carácter de Jesús en nuestras vidas.

Esperamos que este libro haya
sido de su agrado.
Para información o comentarios,
escríbanos a la dirección
que aparece debajo.
Muchas gracias.

Libros para siempre

info@peniel.com
www.editorialpeniel.com

La **raíz** de la **idolatría**

No tendrás dioses ajenos delante de mí (ÉXODO 20:3)

C. PETER WAGNER

LA RAÍZ DE LA **IDOLATRÍA**

Muchos de los que hoy están en la iglesia no tienen una comprensión clara de lo que la idolatría verdaderamente es. Normalmente se cree que es un interés excesivo en los deportes o en la recreación, o cualquier cosa que alejaría nuestros corazones de Dios. Sin embargo, las Sagradas Escrituras definen a la idolatría de manera diferente. A través de esta enseñanza plena de discernimiento, C. Peter Wagner abre nuestro entendimiento a la verdad sobre la idolatría, y cómo la misma puede entrar lentamente en nuestra vida y en nuestras iglesias.

En este libro, usted:

• Reconocerá la diferencia entre la "idolatría explícita" y la "idolatría sutil"
• Comprenderá cómo la idolatría afecta a nuestras iglesias
• Verá cómo el corazón de Dios es quebrantado cuando Sus hijos adoran a dioses falsos
• Aprenderá cómo purificar su hogar e iglesia de objetos impíos.

Si queremos ver que nuestras vidas e iglesias lleguen a ser todo lo que Dios se dispuso que fueran, debemos decirle no a la idolatría explícita y cerrar para siempre la puerta que la misma le ha abierto al reino demoníaco.

Peniel

w w w . e d i t o r i a l p e n i e l . c o m